D'Bibel op Lëtzebuergesch
D'Evangelium nom Johannes

AF235807

D'Bibel op Lëtzebuergesch
D'Evangelium nom Johannes

KATHOULESCH KIERCH
ZU LËTZEBUERG

**Bibliographische Informationen der
Deutschen Nationalbibliothek**

Die Deutsche Nationalbibliothek verzeichnet
diese Publikation in der Deutschen Nationalbiblio-
graphie; detaillierte bibliographische Daten sind im
Internet über http://dnb.d-nb.de abrufbar.

ISBN 978-3-7528-1517-7

Herstellung und Verlag:
BoD – Books on Demand, Norderstedt

Inhalt

E Wuert mat op de Wee

Et ass mir eng Freed, deene lëtzebuergesche Versioune vum Matthäus- a vum Johannes-Evangelium e Wuert mat op de Wee ze ginn.

Nodeems d'Äerzbistum schonns 2009 en Evangeliar erausginn huet, an deem d'Evangelientexter vun alle Sonndeger a vun de grousse Festdeeg op Lëtzebuergesch dra stinn, läit elo en integralen Text vun zwéi vun deene véier Evangelie vir, déi vum Iwwersetzergrupp „D'Bibel op Lëtzebuergesch" a laangjäreger Aarbecht a mat vill Méi vum Griicheschen an eis Sprooch iwwersat goufen. Ech well op dëser Plaz der Equipe vun den Iwwersetzer mäi Merci a mäi Respekt dofir ausdrécken, an dat an der Hoffnung, datt deemnächst och nach déi zwéin aner Evangelien (Markus a Lukas) als integralen Text op Lëtzebuergesch erauskomme kënnen.

Dem Herrgott sengem Wuert, dat äis an den Evangelien iwwerliwwert gëtt, kënnt eng eminent wichteg Plaz am Liewe vun der Kierch an am Liewe vun all eenzelne Gleewegen zou. Et muss souzesoen den Deessem ginn, deen dat ganzt Liewe vun de Mënschen duerchsaiert (*cf.* Mt 13,33). Well da gëtt et zu engem Wuert, dat Halt an Orientéierung schenkt. Am perséinleche Gebiet, an der Katechees an am Austausch a Bibelgruppen dréit d'Liesen an d'Meditéiere vun den Texter vun der Helleger Schrëft dann och zu enger Beliewung vum chrëschtleche Glaf bäi.

An deem Sënn wënschen ech den Evangelientexter op Lëtzebuergesch, déi elo virleien, datt si dee Som sinn, dee räich Fruucht bréngt (*cf.* Mt 13,3-23)!

Lëtzebuerg, op Ouschteren 2018

+ Jean-Claude Hollerich
Äerzbëschof vu Lëtzebuerg

Eng kuerz Aféierung

Am Joer 2009 gouf den *Evangeliar* publizéiert mat den Evangelie vun alle Sonndeger a vun de grousse Feierdeeg[a]. D'*Evangelium nom Johannes* steet an der Nofolleg vun dëser éischter offizieller Iwwersetzung vun Evangelientexter a Lëtzebuerger Sprooch: Dir fannt hei dee ganzen Text vum Johannes-Evangelium (Joh), op der Basis vum Griichesche Referenztext, iwwersat no deenen nämlechte Critèrë wéi am *Evangeliar* [b].

D'*Evangelium nom Johannes* ass an engem klenge Format gedréckt. Et ass geduecht fir de perséinleche Gebrauch am Alldag, virun allem awer och fir et an der Katechees an de Paren ze gebrauchen.

Dofir erlaabt äis dës kuerz Aféierung:

De Chrëschten hir Bibele bestinn aus engem méi alen Deel, dem sougenannten *Alen* oder *1. Testament* gréisstendeels op Hebräesch (AT), an engem méi neien Deel, dem *Neien*, oder *2. Testament* (NT) op Griichesch.

Déi Sammlung vu Schrëften, déi mir an eise Bibele fannen an an deenen d'Chrëschten hire Glawen als authentesch iwwerliwwert unerkennen (de sougenannte „Kanon vun de biblesche Bicher"), besteet, fir d'NT, aus 27 Bicher: Deene véier Evangelien, der Apostelgeschicht, de Paulusbréiwer, de kathoulesche Bréiwer an der Offenbarung vum Johannes, och nach Apokalyps genannt.

Et sinn dës Schrëften, déi no an no ënner de Chrëschten eng zerguttstert Autoritéit kritt haten; aner Schreiwëssen, déi vu Gemeinschaft zu Gemeinschaft virugereecht goufen, kruten dës Autoritéit net. Se sinn äis wuel zu engem gudden Deel erhale bliwwen, als Zäitzeie vun de Gedanken, Iwwerleeungen, Froen a Suerge vun den éischte Generatioune vu Chrëschten, déi verspreet uechtert d'Réimescht Räich gelieft hunn. Mee se goufen net als Rüchtschnouer (Kanon = ë. a. „Regel" op Griichesch) fir de Glaf zréckbehalen.

Ee vun deene wichtegste Gedanken, deen duerch déi ganz Bibel geet, ass dee vun engem Bond tëscht Gott an de Mënschen. Dat hebräescht Wuert fir dee Bond (berit) gouf op Latäin mat „testamentum" iwwersat. Dohir kënnt dann och eis Bezeechnung Testament, Aalt oder Neit, fir d'Bicher aus der Bibel.

Et leien en etlech Jorhonnerten tëscht där Zäit, wou d'Bicher aus der Bibel néiergeschriwwe goufen – nodeems se zu engem Deel iwwer eng méi oder manner laang Zäit mëndlech iwwerliwwert gi waren –, an äis. D'Distanz ass esouwuel eng historesch, wéi eng kulturell-geographesch an eng sproochlech. An dach ass dat, wat mir do liesen, héich aktuell, well d'Grondfroe vun de Mënschen am Fong ëmmer nach déi nämlecht sinn. D'Konditioun awer, fir datt dës iwwerliwwert Texter fir äis zougänglech sinn a bleiwen, ass ze versichen ze verstoen, wat déijéineg, déi se néiergeschriwwen hunn, deemools soe wollten. Dann eréischt kënne mir froen, wat se äis haut soe kënnen.

D'NT fänkt u mat deene véier Evangelien, dem *Matthäus*, dem *Markus*, dem *Lukas* an dem *Johannes*. D'Wuert *Evangelium* gouf als éischt vum Verfaasser vum Markus-Evangelium (*cf.* Mk 1,1) opgegraff a gebraucht fir déi *Gutt Norücht* ze bezeechnen, déi, engersäits, mat dem Jesus vun Nazareth an d'Welt komm ass an déi hien, anerersäits, verkënnegt huet. Jiddfereent vun den Evangelien ass, op seng Manéier, e Credo; jiddfereent beliicht a verkënnegt aus e bëssen engem anere Bléckwénkel dës Gutt Norücht vum an duerch de Jesus, dem Operstanenen, an deem si de Messias, de Christus an dem Herrgott säi Jong erkannt hunn. A jiddfereent gräift Erzielungen iwwer de Jesus oder Rieden, Aussoe vun him op, déi bis dohi mëndlech virugi goufen; do dernieft gëtt och ugeholl, datt d'Verfaasser vum Mt a vum Lk de Mk kannt hunn (oder op d'mannst déi nämlecht Iwwerliwwerung), datt si zu engem Deel déi selwecht Sammlunge vu Spréch kannt hunn, awer och hir eege Quellen haten: Dat erkläert, firwat mir eng Rei Texter bei deenen dräi erëmfannen, déi dowéinst och *Synoptiker* genannt ginn; anerer liese mir just bei der zwéin an nach anerer nëmme bei engem. – De Johannes steet wuel an där selweschter Traditioun, ma hien huet dat iwwerliwwert Material (Erzielungen, Rieden, asw.) méi op eng him eege Manéier verschafft.

Mat ee Grond, firwat mir Ënnerscheeder an der Aart a Weis déi Gutt Noriicht ze présentéieren tëscht deene véier fannen, ass, datt si op verschidde Plaze geschriwwen hunn, fir d'Leit aus hire Chrëschtegemeinschaften. Esou ass et ze verstoen, datt d'Markus-Evangelium, dat héchstwahrscheinlech ëm d'Joer 70 zu Roum néiergeschriwwe gouf fir Leit, déi, éier se Chrëschte gi sinn, Heede waren, Verschiddenes anescht erkläre muss, wéi z. B. d'Matthäus-Evangelium, vun deem ugeholl gëtt, datt et ëm d'Joer 80 a Syrien, evtl. zu Antiochia, vläicht awer och a Phönizien verfaasst gouf fir an der Majoritéit Leit, déi virdru Judde waren oder sech fir de juddesche Glaf interesséiert hunn.

* * *

An nach e puer Wuert weider zum Johannes-Evangelium

Dëst Evangelium fänkt u mat enger feierlecher Hymn, déi schonn zu Ugangs weist, datt d'Johannes-Evangelium zu engem Deel eng aner Terminologie gebraucht, wéi déi aner dräi Evangelien (Joh 1,1-18).

Et wëllt Zeie sinn, wëllt Zeegnes dofir ofleeën, datt de Jesus, de Messias, de Christus ass, dem Herrgott säi Jong (Joh 20,31).

Déi éischt zwielef Kapitelen (Joh 1,19 – 12,50) verziele vun „Zeechen", déi de Jesus gemaach a wat hien d'Leit esou geléiert huet; dës „Zeechen" sinn z. B. Heelungen, déi de Leit an och de Lieser weise sollen, wien de Jesus ass. Fir datt d'Chrëschten zu senger Zäit dat verstoe sollten, mécht d'Johannes-Evangelium dacks Uspillungen un hir „Helleg Schrëften", eist A.T. (z. B. Joh 2,17; 5,37-47; 12,16. 37-41; 19,24.28.36-37).

De ganze Rescht vum Johannes-Evangelium (13,1 – 21,25) bezitt sech op d'Passioun an duerno op Erscheinunge vun deem Operstanenen. An der Leidensgeschicht gëtt de Jesus duergestallt, wéi wann hien iwwer deem, wat do mat him geschitt, stoe géif. Fir d'Johannes-Evangelium gëtt de Jesus dann, wann hie mënschlech gesinn um Enn ass, „verherrlecht", et ass seng „Stonn", well do duerchschéngt, datt hien de „Kinnek" ass, awer eebe kee vun „dëser Welt".

Fir d'Johannes-Evangelium muss de Mënsch sech elo, an dësem Ament, fir oder géint de Jesus entscheeden. Am Johannes senge Wierder heescht dat, datt elo d'„Geriicht" ass. Déi Mënschen, déi sech derfir entscheeden, kréien eng Hëllef, de „Paraklet" a si gehéieren zum „Liicht" an net méi zu der „Däischtert", also net méi zu „dëser Welt".

D'Johannes-Evagelium gouf wahrscheinlech géint d'Enn vum 1. Jorhonnert a Kleng-Asien (Ephesus) néiergeschriwwen.

Et kéint een hei nach villes iwwert d'Johannes-Evangelium schreiwen. Mee, dat Einfachst ass, et ze liesen.

A wann ënnerwee Froen opkommen zu deem, wat Dir do liest, dann zéckt net a mailt äis se (bibel@cathol.lu).

Fränz Biver-Pettinger,
fir den Aarbechtsgrupp
„Iwwersetzung vun der Bibel op Lëtzebuergesch"

---

[a] *Evangeliar*. Aarbechtsgrupp „Iwwersetzung vun der Bibel op Lëtzebuergesch" (2009). Luxembourg, Archevêché, Saint-Paul.

[b] *Evangeliar*, S. IX-XVI. De Griichesche Referenztext ass dee vum *Nestle-Aland 28* (*Novum Testamentum Graece*. 28. Auflage, Eberhard Nestle, Barbara Aland, Kurt Aland (2012), Stuttgart, Deutsche Bibelgesellschaft, ISBN 978-3-438-05159-2).

D'Evangelium nom Johannes

1 ¹ Am Ufank war d'Wuert,
an d'Wuert war bei Gott,
a Gott war d'Wuert.
² Am Ufank war et bei Gott.
³ Alles ass duerch et entstan,
an ouni d'Wuert ass och net eppes entstan
vun deem, wat entstan ass.
⁴ An him war d'Liewen,
an d'Liewe war d'Liicht fir d'Mënschen,
⁵ an d'Liicht schéngt an der Däischtert,
an d'Däischtert huet et net ugeholl.

⁶ Do war e Mënsch, dee vum Herrgott geschéckt
gouf; hien huet Johannes geheescht. ⁷ Hie koum als
Zeien, fir Zeegnes vum Liicht ze ginn, fir datt se all
duerch hie gleewe sollten. ⁸ Hie selwer war net
d'Liicht, ma hie sollt Zeegnes vum Liicht ginn.

⁹ Dat wierklecht Liicht,
dat jidder Mënsch mat Liicht erfëllt,
koum an d'Welt.
¹⁰ Et war an der Welt,
an d'Welt ass duerch et entstan,
an d'Welt huet et net erkannt.

[11] Et ass an säin Eegentum komm,
an seng eege Leit hunn et net opgeholl.
[12] Ma all deenen, déi et opgeholl hunn,
huet et d'Recht ginn, Kanner vu Gott ze ginn –
dat sinn déi, déi un säin Numm gleewen.
[13] Si si weder aus Blutt,
nach aus dem Wëll vum Fleesch,
nach aus deem vun engem Mann gebuer,
ma aus Gott.

[14] An d'Wuert ass Fleesch ginn,
an et huet säin Zelt ënner äis opgeschloen,
a mir hunn seng Herrlechkeet gesinn,
d'Herrlechkeet vun deem,
deen eenzeg an eleng aus dem Papp gebuer ass,
voll vu Gnod a Wourecht.

[15] De Johannes gëtt Zeegnes vun him. Hien huet geruff: „Deen heite war et, vun deem ech gesot hunn: Deen, deen no mir kënnt, ass mir viraus, well hie viru mir war." [16] Well aus sengem Volltëm hu mir alleguer kritt, Gnod iwwer Gnod. [17] D'Gesetz gouf nämlech duerch de Moses ginn, d'Gnod an d'Wourecht sinn duerch de Jesus, de Christus, entstan. [18] Et huet nach kee jeemools den Herrgott gesinn. Deen, deen eenzeg an eleng [aus dem Papp] gebuer ass – hien ass Gott –, an deen am Schouss vum Papp ass, hien huet äis vun him erzielt.

[19] Dat hei ass d'Zeegnes, dat de Johannes ginn huet, wéi d'Judde vu Jerusalem Priister a Levite bei hie geschéckt hunn, fir hien ze froen: „Wie bass du?" [20] Hien huet bekannt an et net geleegent, an zwar huet hie bekannt: „Ech sinn net de Christus." [21] Dunn hunn si hie gefrot: „Wat dann? Bass du den Elias?" Hie sot: „Neen, dee sinn ech net." – „Bass du de Prophéit?" Hien huet geäntwert: „Neen." [22] Dueropshi soten si zu him: „Wie bass du dann? Mir mussen deenen, déi äis geschéckt hunn, eng Äntwert ginn. Wat sees du vun dir selwer?" [23] De Johannes sot: „Ech sinn *eng Stëmm, déi an der Wüüst rifft: Maacht dem Här säi Wee grued!*[a], esou wéi de Prophéit Isaias gesot huet."

[24] Et waren och Pharisäer dohi geschéckt ginn. [25] Si hunn hie gefrot: „Firwat deefs du dann, wann s du weder de Christus nach den Elias nach de Prophéit bass?" [26] Dunn huet de Johannes hinne geäntwert: „Ech deefe mat Waasser, ma matzen ënner iech steet een, deen dir net kennt. [27] Et ass hien, deen no mir kënnt. Ech sinn et net wäert, him seng Schongstréckele lasszemaachen." [28] Dat hei ass a Bethanien geschitt, déisäit vum Jordan, wou de Johannes gedeeft huet.

[29] Deen Dag drop huet de Johannes de Jesus op sech duerkomme gesinn a sot: „Kuckt, d'Lamm Gottes, dat d'Sënne vun der Welt ewechhëlt! [30] Deen heiten ass et, vun deem ech gesot hunn: No mir kënnt een, dee mir viraus ass, well hie viru mir war.

³¹ Ech hunn hien net kannt, ma fir datt hien Israel bekannt gemaach géif ginn, dowéinst sinn ech komm an deefe mat Waasser." ³² An de Johannes huet bezeit: „Ech hunn de Geescht gesinn erofkomme wéi eng Dauf vum Himmel, an en ass op him bliwwen. ³³ Ech hunn hien net kannt, ma deen, dee mech geschéckt huet, fir mat Waasser ze deefen, huet mir gesot: ,Deejéinegen, op deen s du de Geescht erofkomme gesäis an op deem e bleift, deen ass et, dee mat hellegem Geescht deeft.' ³⁴ Ech hunn dat gesinn, an ech bezeien: Hien ass dem Herrgott säi Jong."

³⁵ Deen Dag drop stoung de Johannes nees do mat zwéi vun senge Jünger. ³⁶ Hien huet op de Jesus gekuckt, dee laanschtgoung, a sot: „Kuckt, d'Lamm Gottes!" ³⁷ Nodeems dem Johannes seng zwéi Jünger héieren haten, wat hie gesot hat, sinn si dem Jesus nogaang. ³⁸ Wéi de Jesus sech ëmgedréit a gesinn huet, datt si him nokoumen, huet hien si gefrot: „Wat sicht dir?" Du soten si zu him: „Rabbi" – dat heescht iwwersat: Meeschter –, „wou wunns du?" ³⁹ Hie sot zu hinnen: „Kommt a kuckt!" Si sinn also dohi gaang an hu gesinn, wou hie gewunnt huet, an si sinn deen Dag bei him bliwwen; et war ëm déi zéngt Stonn. ⁴⁰ Den Andreas, dem Simon Péitrus säi Brudder, war ee vun deenen zwéin, déi dem Johannes nogelauschtert haten an déi dem Jesus du nogaang waren.

⁴¹ Hien ass fir d'éischt sengem Brudder Simon begéint a sot zu him: „Mir hunn de Messias" – dat

heescht iwwersat: de Christus – „fonnt!" ⁴² Dunn
huet hien de Simon bei de Jesus gefouert. De Jesus
huet de Simon bekuckt a sot: „Du bass de Simon,
dem Johannes säi Jong; du solls Kephas" – dat
heescht iwwersat: Péitrus [Fiels]ᵇ – „genannt ginn!"

⁴³ Deen Dag drop wollt de Jesus fort a Galiläa
goen. Dunn ass hien dem Philippus begéint, an hie
sot zu him: „Komm mir no!" ⁴⁴ De Philippus war vu
Bethsaida, dat och dem Andreas an dem Péitrus hir
Stad war. ⁴⁵ Wéi de Philippus dem Nathanael begéint
ass, sot hien zu him: „Mir hunn dee fonnt, iwwer
deen de Moses am Gesetz geschriwwen huet, an
iwwer deen och d'Prophéite geschriwwen hunn: de
Jesus, dem Jouseph säi Jong, vun Nazareth." ⁴⁶ Den
Nathanael huet hie gefrot: „Kann da vun Nazareth
eppes Guddes kommen?" Du sot de Philippus zu
him: „Komm a kuck!" ⁴⁷ Wéi de Jesus den Nathanael
op sech duerkomme gesinn huet, sot hien iwwer
hien: „Kuck, hei ass wierklech en Israelit – et ass
näischt Falsches un him!" ⁴⁸ Den Nathanael huet hie
gefrot: „Wouhier kenns du mech?" De Jesus huet
him geäntwert: „Éier de Philippus dech geruff huet,
hat ech dech schonn ënner dem Figebam gesinn."
⁴⁹ Du sot den Nathanael: „Rabbi, du bass dem Herr-
gott säi Jong, du bass de Kinnek vun Israel." ⁵⁰ De
Jesus sot zu him: „Gleefs du, well ech dir gesot hunn,
ech hätt dech ënner dem Figebam gesinn? Abee, du
gesäis nach méi Grousses wéi dat!" ⁵¹ An hie sot zu
him: „Amen, amen, ech soen iech: Dir gesitt den

Himmel, deen op ass, an iwwer dem Mënschejong
dem Herrgott seng Engelen, déi op- an ofklammen!"

---

a Is 40,3 LXX.
b „Petros" (Péitrus) kënnt vum griichesche Wuert „petra" (Fiels).

2 ¹ Deen drëtten Dag war eng Hochzäit zu Kana a
Galiläa, an dem Jesus seng Mamm war drop. ² Och
de Jesus an seng Jünger waren op d'Hochzäit geruff
ginn. ³ Wéi kee Wäi méi do war, sot dem Jesus seng
Mamm zu him: „Si hu kee Wäi méi!" ⁴ Du sot de
Jesus zu hir: „Wat hunn ech mat dir ze doen, Fra?
Meng Stonn ass nach net komm." ⁵ Seng Mamm sot
zu den Dénger: „Maacht dat, wat hien iech seet!" ⁶ Et
stounge sechs stenge Waasserkréi do, wéi d'Judden se
fir hir [rituell] Rengegunge gehollt hunn. A jidder
Krou goungen zwou bis dräi Metretenª. ⁷ De Jesus
sot zu den Dénger: „Fëllt d'Kréi mat Waasser!" Dunn
hunn si se bis uewenhi gefëllt. ⁸ Dueropshi sot de
Jesus zu hinnen: „Schäfft elo eraus an drot deem et,
deen sech ëm d'Iessen an d'Gedrénks këmmert!" Dat
hunn si gemaach. ⁹ Nodeems de Mann, dee fir d'Ge-
drénks zoustänneg war, d'Waasser geschmaacht hat,
dat Wäi gi war – hie wousst net, wou de Wäin hier-
koum, ma d'Dénger, déi d'Waasser geschäfft haten,
woussten et –, huet hien de Bräitchemann geruff ¹⁰ an
zu him gesot: „All Mënsch setzt fir d'éischt dee gudde
Wäin dohinner, an eréischt herno, wann d'Leit es

vëllege gedronk hunn, dee manner gudden. Du awer hues dee gudde Wäi bis elo versuergt!"

[11] Dat hei huet de Jesus zu Kana a Galiläa gemaach als Ufank vun sengen Zeechen. Esou huet hien seng Herrlechkeet gewisen, an seng Jünger hunn un hie gegleeft.

[12] Duerno ass hie mat senger Mamm, senge Bridder an senge Jünger erof op Kapharnaum gaang, ma si sinn net laang do bliwwen.

[13] Well de Judden hiert Pessach-Fest nobäi war, ass de Jesus op Jerusalem eropgaang.

[14] Am Tempel huet hien d'Véihändler fonnt, déi Ranner, Schof an Dauwe verkaaft hunn, an d'Geldwiessler, déi do souzen. [15] Dunn huet hien aus Strécker eng Gäissel gemaach an si alleguer aus dem Tempel erausgedriwwen, d'Schof esougutt wéi d'Ranner. De Geldwiessler hir Suen huet hien ausgeschott an hir Däscher ëmgehäit, [16] an zu deenen, déi d'Dauwe verkaaft hunn, sot hien: „Kuckt, datt dat hei alles ewechkënnt! Haalt op, aus mengem Papp sengem Haus e Joermaart ze maachen!" [17] Seng Jünger hunn sech drun erënnert, datt geschriwwe steet: *Den Äifer fir däin Haus frësst mech op.*[b]

[18] Dunn hunn d'Judden hien zur Ried gestallt a soten: „Wat fir en Zeeche gëss du äis, fir ze weisen, datt s du dat do maachen däerfs?" [19] De Jesus huet hinne geäntwert: „Rappt dësen Tempel of, an an dräi Deeg riichten ech en nees op!" [20] Dueropshi soten d'Judden: „46 Joer laang gouf un dësem Tempel ge-

baut, an du wëlls en an dräi Deeg opriichten?" [21] Hien awer huet vum Tempel vun sengem Läif geschwat. [22] Wéi hien herno aus dem Doud erwächt gi war, hunn seng Jünger sech drun erënnert, datt hien dëst gesot hat, an si hunn der Schrëft an dem Jesus sengem Wuert gegleeft.

[23] Wéi de Jesus um Pessach-Fest zu Jerusalem war, hunn der vill d'Zeeche gesinn, déi hie gemaach huet, an si hunn un säin Numm gegleeft. [24] De Jesus selwer awer huet sech hinnen net uvertraut, well hien si alleguer kannt huet, [25] an hien hat et och net néideg, datt een him géif iwwer d'Mënsche Bescheed soen[c]: Hien hat nämlech erkannt, wat am Mënsch bannendran ass.

---

[a] Eng Metret sinn ca. 40 Liter.
[b] Ps 69,10.
[c] Wuertwiertlech: datt een Zeegnes iwwer de Mënsch ofleet.

3 [1] Ënner de Pharisäer war e Mann, deen Nikodemus geheescht huet, ee vun de Judden hiren Ieweschten. [2] Hien ass eng Kéier nuets bei de Jesus komm a sot zu him: „Rabbi, mir wëssen, datt s du e Léiermeeschter bass, dee vum Herrgott kënnt. Et kann nämlech keen déi Zeeche maachen, déi s du méchs, wann den Herrgott net mat him ass." [3] De Jesus huet him geäntwert: „Amen, amen, ech soen dir: Wien net vun uewe gebuer gëtt, dee kann dem Herr-

gott säi Räich net gesinn.“ 4 Du sot den Nikodemus zu him: „Wéi kann e Mënsch gebuer ginn, dee schonn al ass? Kann hien dann éieren eng zweete Kéier an senger Mamm hire Schouss eragoen, fir gebuer ze ginn?“ 5 De Jesus huet geäntwert: „Amen, amen, ech soen dir: Wien net aus Waasser a Geescht gebuer gëtt, dee kann net an dem Herrgott säi Räich eragoen. 6 Dat, wat aus dem Fleesch gebuer ass, ass Fleesch, an dat, wat aus dem Geescht gebuer ass, ass Geescht. 7 Wonner dech net, datt ech dir gesot hunn: ,Dir musst vun uewe gebuer ginn.' 8 De Wand bléist, wou e wëllt, an du héiers seng Stëmm, ma du weess net, wou en hierkënnt a wuer en higeet. Gradesou ass et mat jidderengem, deen aus dem Geescht gebuer ass.“ 9 Den Nikodemus huet hie gefrot: „Wéi kann dat geschéien?“ 10 De Jesus huet him geäntwert: „Du bass de Léiermeeschter vun Israel an du verstees dat net? 11 Amen, amen, ech soen dir: Mir schwätze vun deem, wat mir kennen, a mir bezeien dat, wat mir gesinn hunn, ma dir huelt eist Zeegnes net un. 12 Wann ech iech vun den ierdesche Saache schwätzen an dir gleeft net, wéi kënnt dir da glee-wen, wann ech iech vun den himmlesche Saache schwätzen? 13 Et ass keen an den Himmel erop-gaang, nëmme just deejéinegen, deen aus dem Himmel erofkomm ass, de Mënschejong. 14 Esou wéi de Moses d'Schlaang an der Wüüst erhéicht huet, esou muss och de Mënschejong erhéicht ginn, 15 fir datt jiddereen, dee gleeft, an him éiwegt Liewen huet.

[16] Den Herrgott huet d'Welt esou gär, datt hien säin eenzege Jong higinn huet, fir datt déi, déi un hie gleewen, net verluer ginn, ma éiwegt Liewe kréien. [17] Den Herrgott huet säi Jong nämlech net an d'Welt geschéckt, fir Geriicht iwwer se ze halen, ma fir datt d'Welt duerch hie gerett gëtt. [18] Wien un hie gleeft, iwwer dee gëtt net Geriicht gehalen; wien awer net gleeft, iwwer deen ass schonns Geriicht gehale ginn, well hien net un den Numm vum Herrgott sengem eenzege Jong gegleeft huet. [19] Dat hei awer ass d'Geriicht: D'Liicht ass an d'Welt komm, ma d'Mënschen haten d'Däischtert léiwer wéi d'Liicht, well hir Wierker schlecht waren. [20] Jiddereen, dee Béises mécht, haasst nämlech d'Liicht, an hie kënnt net bei d'Liicht, fir datt seng Wierker net opgedeckt ginn. [21] Wien awer der Wourecht no handelt, dee kënnt bei d'Liicht, fir datt sech weist, datt seng Wierker am Herrgott gemaach gi sinn."

[22] Duerno ass de Jesus mat senge Jünger an d'Land vu Judäa gaang, an hien ass mat hinnen do bliwwen an huet gedeeft.

[23] Och de Johannes huet zu Änon no bei Salim gedeeft, well do vill Waasser war, an d'Leit sinn dohikomm an hunn sech deefe gelooss. [24] De Johannes war déi Zäit nämlech nach net an de Prisong gehäit ginn.

[25] Dunn ass et tëschent dem Johannes senge Jünger an engem Judd zu engem Sträitgespréich iwwer d'Fro vun der Rengegung komm. [26] Si si bei de Johannes gaang a soten zu him: „Rabbi, deejéinegen,

deen op där anerer Säit vum Jordan bei dir war a fir
deen s du Zeegnes ginn hues, kuck, deen deeft elo,
an alleguer ginn se bei hien!" 27 De Johannes huet
geäntwert: „Kee Mënsch kann sech eppes huelen,
wann et him net vum Himmel ginn ass. 28 Dir selwer
kënnt mir bezeien, datt ech gesot hunn: ‚Ech sinn
net de Christus', ma: ‚Ech sinn deen, dee virun him
geschéckt ginn ass.' 29 Deejéinegen, deen d'Braut
huet, ass de Bräitchemann. Dem Bräitchemann säi
Frënd, deen do steet an hien héiert, ass voller Freed
iwwer dem Bräitchemann seng Stëmm. Dat ass
meng Freed, an se ass vollkommen. 30 Hie muss
wuessen, ech awer muss ofhuelen."

31 Deejéinegen, dee vun uewe kënnt, steet iwwer
en all. Deejéinegen, dee vun der Äerd kënnt, ass ier-
desch a schwätzt vun der Äerd hier. Deejéinegen,
dee vum Himmel kënnt (steet iwwer en all:), 32 hie
leet Zeegnes of vun deem, wat hie gesinn an héieren
huet, ma et hëlt keen säin Zeegnes un. 33 Wien awer
säin Zeegnes unhëlt, dee bestätegt, datt den Herrgott
wahrhafteg ass. 34 Deejéinegen, dee vum Herrgott ge-
schéckt gouf, seet dem Herrgott seng Wierder, well
hie gëtt de Geescht, ouni ze moossen. 35 De Papp
huet de Jong gär, an hien huet alles an dem Jong
seng Hand ginn. 36 Wien un de Jong gleeft, deen huet
éiwegt Liewen. Wien awer dem Jong net follegt, dee
gesäit d'Liewen net, ma dem Herrgott seng Roserei
bleift op him.

4 ¹ Wéi de Jesus gewuer ginn ass, datt d'Pharisäer héieren haten, hie géif méi Jünger unzéien an deefe wéi de Johannes ² – dobäi war et net de Jesus selwer, dee gedeeft huet, ma seng Jünger –, ³ dunn huet hie Judäa verlooss an ass fortgaang, nees hannescht a Galiläa.

⁴ Elo huet hien awer missen duerch Samaria goen. ⁵ A Samaria ass hie bis bei eng Stad komm, déi Sychar heescht an déi no bei deem Stéck läit, dat de Jakob sengem Jong Jouseph ginn hat. ⁶ Do war de Jakobsbur. Well de Jesus midd war vun der Rees, huet hien sech bei de Bur gesat; et war ëm déi sechst Stonn. ⁷ Du koum eng Fra aus Samaria, fir Waasser ze schäffen. De Jesus sot zu hir: „Gëff mir ze drénken!" ⁸ Seng Jünger waren nämlech fort an d'Stad gaang, fir eppes z'iessen ze kafen. ⁹ Du sot déi samaritesch Fra zu him: „Wéi kënnt et, datt s du, e Judd, mech, eng samaritesch Fra, fir eppes ze drénke frees?" – D'Judden halen sech nämlech net mat de Samariter op. – ¹⁰ De Jesus huet hir geäntwertᵃ: „Wann s du dem Herrgott seng Gof kenne géifs a wann s du wéisst, wien et ass, deen zu dir seet: ,Gëff mir ze drénken!', da géifs du hie froen, an hie géif dir liewegt Waasser ginn!" ¹¹ D'Fra sot zu him: „Här, du hues näischt fir ze schäffen, an de Pëtz ass déif. Wou hues du dann dat liewegt Waasser hier? ¹² Bass du éire méi dichteg wéi eise Papp, de Jakob, deen äis de Pëtz ginn huet a selwer draus gedronk huet, grad ewéi seng Jongen an all säi Véi?" ¹³ De Jesus huet hir

geäntwert: „Jiddereen, dee vun dësem Waasser drénkt, gëtt nees duuschtereg. [14] Wien awer vun deem Waasser drénkt, dat ech him ginn, dee gëtt an all Éiwegkeet net méi duuschtereg, ma dat Waasser, dat ech him ginn, gëtt an him eng Quell mat spruddelegem Waasser, dat éiwegt Liewe schenkt." [15] D'Fra sot zu him: „Här, gëff mir däers Waasser, fir datt ech net méi duuschtereg ginn an net méi heihinner ze komme brauch, fir Waasser ze schäffen!" [16] Hie sot zu hir: „Géi, ruff däi Mann a komm nees zréck!" [17] D'Fra huet him geäntwert: „Ech hu kee Mann." De Jesus sot zu hir: „Dat hues du gutt gesot: ‚E Mann hunn ech net.' [18] Fënnef Männer hues du nämlech gehat, an deejéinegen, deen s du elo hues, ass net däi Mann. Dat, wat s du gesot hues, ass wouer." [19] D'Fra sot zu him: „Här, ech gesinn, datt s du e Prophéit bass. [20] Eis Pappen hunn op dësem Bierg ugebiet. Dir awer sot, datt Jerusalem déi Plaz ass, wou een ubiede muss." [21] De Jesus sot zu hir: „Gleef mir es, Fra, d'Stonn kënnt, wou dir de Papp weder op dësem Bierg nach zu Jerusalem ubiet! [22] Dir biet un, wat dir net kennt; mir bieden un, wat mir kennen. D'Rettung kënnt nämlech vun de Judden. [23] Ma et kënnt eng Stonn – an se ass elo schonn do –, wou déijéineg, déi wierklech ubieden, de Papp am Geescht an an der Wourecht ubieden, well där Mënschen, déi hien esou ubieden, sicht de Papp. [24] Den Herrgott ass Geescht, an déijéineg, déi hien ubieden, mussen am Geescht an an der Wourecht ubieden." [25] Du sot d'Fra zu him: „Ech weess, datt de Messias kënnt, dee Christus genannt gëtt. Wann hie kënnt, da verkënnegt hien äis alles." [26] De Jesus sot zu hir: „Ech sinn et, ech, dee mat dir schwätzt."

[27] Iwwerdeems waren dem Jesus seng Jünger zréckkomm. Si hunn sech gewonnert, datt hie mat enger Fra geschwat huet. Trotzdem huet kee gefrot: „Wat sichs du?" oder „Wat schwätz du mat hir?" [28] D'Fra awer huet hire Waasserkrou stoe gelooss an ass fortgaang, hannescht an d'Stad. Do sot si zu de Leit: [29] „Kommt kucken! Do ass e Mënsch, dee mir alles gesot huet, wat ech gemaach hunn! Soll hien éiren de Christus sinn?" [30] Dueropshi sinn d'Leit aus der Stad erausgaang a bei de Jesus komm.

[31] An der Tëschenzäit hunn dem Jesus seng Jünger him gefléift: „Rabbi, iess eppes!" [32] Hien awer sot zu hinnen: „Ech hunn e Kascht, deen dir net kennt." [33] Dunn hunn d'Jünger een deen anere gefrot: „Soll éiren een him eppes z'iesse bruecht hunn?" [34] De Jesus sot zu hinnen: „Mäi Kascht ass et, dat ze maachen, wat deejéinege wëllt, dee mech geschéckt huet, an säi Wierk fäerdeg ze maachen. [35] Sot dir net: ,Et sinn nach véier Méint, an da kënnt d'Rekolt'? Ech awer soen iech: Hieft äre Bléck a kuckt d'Felder, wéi se zeideg si fir d'Rekolt! [36] Scho kritt deen, deen d'Rekolt eranhëlt, säi Loun a sammelt Fruucht fir d'éiwegt Liewen, esou datt si sech allebéid freeën: deen, dee séit, an deen, deen d'Rekolt eranhëlt. [37] An dësem Sënn ass d'Spréchwuert wouer: Deen ee séit,

an deen aneren hëlt d'Rekolt eran. [38] Ech hunn iech geschéckt, fir eng Rekolt eranzehuelen, fir déi dir iech net midd gemaach hutt. Anerer hunn sech midd gemaach, an dir profitéiert vun hirer Méi."

[39] Vill vun de Samariter aus där Stad hunn un de Jesus gegleeft wéinst der Fra hirem Wuert. Si hat jo bezeit: „Hien huet mir alles gesot, wat ech gemaach hunn." [40] Wéi d'Samariter elo bei hie koumen, hunn si hie gebieden, bei hinnen ze bleiwen, an hien ass zwéin Deeg do bliwwen. [41] An et hunn der nach vill méi gegleeft wéinst sengem eegene Wuert, [42] an zu der Fra soten si: „Et ass net méi wéinst denger Ausso, wou mir gleewen – mir hu jo selwer héieren a mir wëssen, datt deen heite wierklech de Retter vun der Welt ass."

[43] No deenen zwéin Deeg ass de Jesus vun do fort a Galiläa gaang. [44] Hien hat nämlech selwer bezeit, datt e Prophéit an senger Heemecht net geéiert gëtt. [45] Wéi hien elo a Galiläa komm ass, hunn d'Galiläer hien opgeholl, well si all dat gesinn haten, wat hien zu Jerusalem um Fest gemaach hat; si waren nämlech och op d'Fest komm gewiescht.

[46] De Jesus ass nees op Kana a Galiläa gaang, wou hien aus dem Waasser Wäi gemaach hat.

Zu Kapharnaum huet ee vum Kinnek senge Beamte gewunnt, deem säi Jong krank war. [47] Wéi hien héieren huet, datt de Jesus vu Judäa a Galiläa komm war, ass hie bei de Jesus gaang an huet hie gebieden, erofzekommen an säi Jong ze heelen, well deen um

Stierwe léich. ⁴⁸ De Jesus sot zu him: „Wann dir keng Zeechen a keng Wonner gesitt, da gleeft dir net!" ⁴⁹ Du sot dem Kinnek säi Beamten zu him: „Här, komm erof, éier mäi Kand stierft!" ⁵⁰ De Jesus huet him geäntwert: „Géi, däi Jong lieft!" De Mann huet dem Wuert gegleeft, dat de Jesus him gesot hat, an hien ass gaang. ⁵¹ Iwwerdeems hien erofgaang ass, koumen seng Dénger him schonns entgéint a soten: „Däi Kand lieft!" ⁵² De Mann huet si no der Stonn gefrot, vun där un et dem Kand besser gaang ass. Si soten zu him: „Gëschter, ëm déi siwent Stonn, ass d'Féiwer vun him gewach." ⁵³ Dunn ass et dem Papp opgaang, datt et an där Stonn war, wou de Jesus zu him gesot hat: „Däi Jong lieft!", an hien huet gegleeft, a mat him säi ganzt Haus. ⁵⁴ Dat hei war dat zweet Zeechen, dat de Jesus gemaach huet, wéi hien nees vu Judäa a Galiläa komm ass.

ª Wuertwiertlech: Hien huet geäntwert a sot. Dat ass en Hebrais-mus an heescht: „hie fänkt u mat Schwätzen" oder och „hie fiert viru mat Schwätzen". Den Evangelist Johannes hat dës Wendung ganz gär an huet se dacks gebraucht.

5 ¹ Duerno war eent vun de Judden hire Fester, an de Jesus ass erop op Jerusalem gaang.

² Zu Jerusalem, bei der Schofspaart, gëtt et e Baseng, deen op Hebräesch Bethesda heescht, an dee fënnef Sailenhalen huet. ³ An dëse louche vill Kranker, Blanner, Schlammer an Ausgezierter. [4]

⁵ Do war och e Mann, dee schonn 38 Joer laang krank war. ⁶ Wéi de Jesus hien do leie gesinn huet a gemierkt huet, datt hie schonn zënter laangem esou do louch, sot hien zum Mann: „Wëlls du gesond ginn?" ⁷ Dee Kranken huet him geäntwert: „Här, ech hu kee Mënsch, dee mech an de Baseng droe géif, wann d'Waasser ufänkt mat Walen. Bis ech dohinner komm sinn, ass schonn en anere viru mir drageklomm." ⁸ De Jesus sot zu him: „Stéi op, huel deng Brëtsch a géi!" ⁹ An eenzock war de Mann geheelt. Hien huet seng Brëtsch geholl an ass doruechter gaang.

Deen Dag war awer e Sabbat. ¹⁰ Du soten d'Judden zu deem Geheelten: „Et ass Sabbat, dofir ass et dir net erlaabt, deng Brëtsch ze droen!" ¹¹ Hien huet hinne geäntwert: „Deejéinegen, dee mech gesond gemaach huet, sot zu mir: ‚Huel deng Brëtsch a géi!'" ¹² Si hunn hie gefrot: „Wien ass dee Mann, deen dir gesot huet: ‚Huel [deng Brëtsch] a géi!'?" ¹³ Dee Geheelten awer wousst net, wien et war; de Jesus hat sech nämlech zréckgezunn, well esou vill Leit op där Plaz waren. ¹⁴ Duerno huet de Jesus de Mann am Tempel fonnt a sot zu him: „Kuck, du bass gesond ginn. Sënneg net méi, fir datt dir net nach méi eppes Schlëmmes geschitt!" ¹⁵ Dunn ass de Mann fortgaang an huet de Judde matgedeelt, datt et de Jesus war, deen hie gesond gemaach hat. ¹⁶ Well de Jesus dat op engem Sabbat gemaach hat, hunn d'Judden hie verfollegt.

[17] Ma de Jesus huet hinne geäntwert: „Mäi Papp ass bis elo nach ëmmer um Wierk, an och ech sinn um Wierk." [18] Dofir hunn d'Judden nach méi gesicht, fir hien doutzemaachen, well hien net nëmmen d'Sabbatgebot[a] ofgeschaaft huet, ma well hien och den Herrgott säin eegene Papp genannt an sech esou selwer dem Herrgott gläich gemaach huet.

[19] De Jesus sot zu hinnen: „Amen, amen, ech soen iech: De Jong kann näischt vun sech aus maachen, wann hien net gesäit, wéi de Papp et mécht, well dat, wat de Papp mécht, dat mécht och de Jong d'selwecht. [20] De Papp huet nämlech de Jong gär, an hie weist him alles, wat hie mécht, an hie weist him nach méi grouss Wierker ewéi dës, esou datt dir iech nach wonnert. [21] Esou wéi de Papp nämlech déi Verstuerwen aus dem Doud erwächt an nees lieweg mécht, esou mécht och de Jong déi lieweg, déi hie lieweg maache wëllt. [22] De Papp riicht nämlech keen. Hien huet dat ganzt Geriicht dem Jong iwwerginn, [23] fir datt se alleguerten de Jong éieren, esou wéi se de Papp éieren. Wien de Jong net éiert, deen éiert och de Papp net, deen de Jong geschéckt huet.

[24] Amen, amen, ech soen iech: Wien op mäi Wuert lauschtert an un deen gleeft, dee mech geschéckt huet, deen huet éiwegt Liewen, an hie gëtt net geriicht, ma hien ass vum Doud an d'Liewen iwwer gaang. [25] Amen, amen, ech soen iech: Et kënnt eng Stonn – an se ass elo schonn do –, wou déi Doudeg d'Stëmm

vum Herrgott sengem Jong héieren, an déi, déi se héieren, liewen. [26] Esou wéi nämlech de Papp d'Liewen an sech huet, esou huet hien och dem Jong et ginn, d'Liewen an sech ze hunn. [27] An hien huet dem Jong d'Muecht ginn, Geriicht ze halen, well deen de Mënschejong ass. [28] Wonnert iech net driwwer, well d'Stonn kënnt, an där all déi, déi an de Griewer sinn, seng Stëmm héieren [29] an erauskommen: déi eng, déi dat Gutt gemaach hunn, [kréien] d'Operstéiung fir d'Liewen, an déi aner, déi dat Schlecht gemaach hunn, d'Operstéiung fir d'Geriicht.

[30] Ech kann näischt vu mir aus maachen. Ech uerteelen no deem, wat ech héieren, a mäin Uerteel ass gerecht, well ech net mäi Wëlle sichen, ma de Wëlle vun deem, dee mech geschéckt huet.

[31] Wann ech fir mech selwer Zeegnes ofleeën, dann ass mäin Zeegnes net wouer. [32] Et ass en aneren, deen Zeegnes fir mech ofleet, an ech weess, datt dat Zeegnes, dat hie fir mech ofleet, wouer ass. [33] Dir hutt [Leit] bei de Johannes geschéckt, an hien huet Zeegnes gi fir d'Wourecht. [34] Ech brauch vu kengem Mënsch en Zeegnes unzehuelen, ma ech soen dat hei, fir datt dir gerett gitt. [35] De Johannes war déi Luucht, déi gebrannt a geliicht huet, an dir wollt iech eng Zäitlaang un sengem Liicht erfreeën.

[36] Ech awer hunn en Zeegnes, dat méi grouss ass wéi dem Johannes säint: nämlech déi Wierker, déi de Papp mir ginn huet, fir datt ech se erfëllen. Dës Wierker, déi ech maachen, leeën Zeegnes fir mech

of, datt de Papp mech geschéckt huet. [37] An och de Papp, dee mech geschéckt huet, huet Zeegnes fir mech ofgeluecht. Dir hutt seng Stëmm nach ni héieren an seng Gestalt nach ni gesinn, [38] an säi Wuert bleift net an iech, well dir deem, deen hie geschéckt huet, net gleeft. [39] Dir fuerscht an de Schrëften, well dir mengt, dir hätt an hinnen dat éiwegt Liewen. Si sinn et, déi fir mech Zeegnes ofleeën. [40] Awer dir wëllt net bei mech kommen an esou d'Liewen hunn.

[41] Éier vu Mënsche brauch ech net unzehuelen, [42] well ech hunn iech erkannt: Dir hutt dem Herrgott seng Léift net an iech. [43] Ech sinn a mengem Papp sengem Numm komm, an dir hutt mech net ugeholl. Wann awer iergendeen an sengem eegenen Numm kënnt, dann huelt dir deen un. [44] Wéi kënnt dir och gleewen, dir, déi dir ee vun deem aneren Éier unhuelt, awer net déi Éier sicht, déi vun deem eenzege Gott kënnt?

[45] Denkt net, datt ech iech beim Papp ukloen. Et ass de Moses, op deen dir är Hoffnung gesat hutt, deen iech uklot. [46] Wann dir nämlech dem Moses gleewe géift, da géift dir och mir gleewen, well iwwer mech huet hie geschriwwen. [47] Wann dir awer senge Schrëften net gleeft, wéi kënnt dir da menge Wierder gleewen?"

---

[a] Wuertwiertlech: de Sabbat.

6 ¹ Duerno ass de Jesus fortgaang, op déi aner Säit vum Séi vu Galiläa, vis-à-vis vun Tiberias. ² Eng Onmass Leit sinn him nogaang, well si d'Zeeche gesinn hunn, déi hien un deene Kranke gemaach huet. ³ De Jesus ass op de Bierg eropgaang an huet sech do mat senge Jünger gesat. ⁴ Pessach, de Judden hiert [grousst] Fest, war nobäi.

⁵ Wéi de Jesus opgekuckt huet a gesinn huet, datt eng Onmass Leit bei hie komm sinn, sot hien zum Philippus: „Wou solle mir Brout kafen, fir datt si eppes z'iessen hunn?" ⁶ Dat huet hie gesot, fir de Philippus op d'Prouf ze stellen. Hie wousst nämlech, wat hie wëlles hat ze maachen. ⁷ De Philippus huet him geäntwert: „Brout fir 200 Sëlwermënze geet net duer, fir datt jidderee vun hinnen och nëmmen e Stéckelche kritt." ⁸ Ee vum Jesus senge Jünger, den Andreas, dem Simon Péitrus säi Brudder, sot zu him: ⁹ „Hei ass e Bouf, dee fënnef Geeschtebrout an zwéi Fësch huet. Ma wat ass dat scho fir esou vill Leit?" ¹⁰ De Jesus sot: „Dot d'Leit sech sëtzen!" Et ass nämlech vill Gras op där Plaz gewiescht. Dunn hunn d'Männer sech gesat. Et waren der ongeféier 5.000. ¹¹ De Jesus huet d'Brout gehall, an nodeems hien dem Herrgott merci gesot hat, huet hien et un déi verdeelt, déi sech niddergelooss haten. Gradesou huet hien hinnen och vun de Fësch ginn. Jidderee krut esou vill, wéi hie wollt. ¹² Wéi si all gesiedegt waren, sot de Jesus zu senge Jünger: „Sammelt déi Stécker an, déi rescht bliwwe sinn, fir datt näischt

verdierft!" [13] Si hunn d'Stécker agesammelt, déi vun deene fënnef Geeschtebrout rescht bliwwe waren, nodeems d'Leit all giess haten, an si hunn zwielef Kierf dermat gefëllt. [14] Wéi d'Leit dat Zeeche gesinn hunn, dat de Jesus gemaach hat, soten si: „Deen hei ass wierklech de Phophéit, deen an d'Welt komme soll!" [15] Well de Jesus awer an Uecht geholl huet, datt si kommen an hie mathuele wollten, fir hien zum Kinnek ze maachen, huet hien sech nees eleng op de Bierg zréckgezunn.

[16] Wéi et Owend ginn ass, sinn seng Jünger erof bei de Séi gaang. [17] Si sinn an en Naache geklomm, fir op déi aner Säit vum Séi ze fueren, op Kapharnaum. Et war schonn däischter ginn, an de Jesus war nach net bei si komm. [18] Well e staarke Wand geblosen huet, war de Séi opgewullt. [19] Wéi si eng 25 oder 30 Stadie wäit geruddert waren, hunn si de Jesus iwwer de Séi goen an op den Naachen duerkomme gesinn, an si hu gefaart. [20] Hien awer sot zu hinnen: „Ech sinn et, fäert net!" [21] Si wollten hien an den Naachen eranhuelen, ma scho war dee beim Uwänner ukomm, do, wou si hi wollten.

[22] Deen aneren Dag hunn d'Leit, déi nach op där anerer Säit vum Séi stoungen, gemierkt, datt nëmme just ee klengen Naachen do louch, an datt de Jesus awer net mat de Jünger an den Naache geklomm war, ma datt d'Jünger eleng fortgefuer waren. [23] Vun Tiberias aus sinn aner Naache bis bei déi Plaz gefuer, wou d'Leit d'Brout giess haten, nodeems den Här

dem Herrgott merci gesot hat. 24 Wéi déi vill Leit gesinn hunn, datt weder de Jesus nach seng Jünger do waren, hunn si sech op d'Sich no him gemaach. Si sinn an déi kleng Naache geklomm a sinn op Kapharnaum gefuer. 25 Wéi si de Jesus op där anerer Säit vum Séi fonnt hunn, hunn si hie gefrot: „Rabbi, zënter wéini bass du hei?"

26 De Jesus huet hinne geäntwert: „Amen, amen, ech soen iech: Dir sicht mech net, well dir Zeeche gesinn hutt, ma well dir vum Brout giess hutt a gesiedegt gouft. 27 Schafft net, fir e Kascht ze kréien, dee verdierft, ma schafft, fir dee Kascht ze kréien, dee bleift bis an d'éiwegt Liewen an deen de Mënschejong iech gëtt! De Papp – den Herrgott – huet nämlech dem Mënschejong säi Sigel opgedréckt." 28 Du soten si zu him: „Wat musse mir maachen, fir dem Herrgott seng Wierker ze verwierklechen?" 29 De Jesus huet hinne geäntwert: „Dat hei ass dem Herrgott säi Wierk: datt dir un dee gleeft, dee vun him geschéckt gouf."

30 Du soten si zu him: „Wat fir en Zeeche méchs du dann, fir datt mir gesinn an dir gleewen? Wat wierks du? 31 Eis Pappen hunn d'Manna an der Wüüst giess, esou wéi geschriwwe steet: *Brout aus dem Himmel huet hien hinnen z'iesse ginn.*ª" 32 Du sot de Jesus zu hinnen: „Amen, amen, ech soen iech: Net de Moses huet iech d'Brout aus dem Himmel ginn, ma mäi Papp gëtt iech dat wierklecht Brout aus dem Himmel. 33 Dem Herrgott säi Brout ass nämlech

deen, deen aus dem Himmel erofkënnt an der Welt d'Liewe gëtt." [34] Du soten si zu him: „Här, gëff äis ëmmer dat Brout!" [35] De Jesus sot zu hinnen: „Ech sinn d'Brout vum Liewen: Wie bei mech kënnt, gëtt ni méi hongereg, a wien u mech gleeft, gëtt ni méi duuschtereg.

[36] Ma ech hunn iech et gesot: Dir hutt [mech] gesinn, an dach gleeft dir net. [37] Alles, wat de Papp mir gëtt, kënnt bei mech, a wie bei mech kënnt, dee geheien ech net eraus. [38] Well ech sinn net vum Himmel erofkomm, fir ze maachen, wat ech wëll, ma fir dat ze maachen, wat dee wëllt, dee mech geschéckt huet. [39] An dat hei ass de Wëlle vun deem, dee mech geschéckt huet: datt ech näischt vun all deem verléieren, wat hie mir ginn huet, ma datt ech et operstoe loossen op Jéngsterdag. [40] Well dat hei ass de Wëlle vu mengem Papp: datt jiddereen, deen de Jong gesäit an un hie gleeft, éiwegt Liewen huet, an datt ech hien operstoe loossen op Jéngsterdag."

[41] Dunn hunn d'Judden iwwer hie geknoutert, well hie gesot hat: „Ech sinn dat Brout, dat aus dem Himmel erofkomm ass", [42] an si soten: „Ass deen do dann net de Jesus, dem Jouseph säi Jong? Kenne mir net säi Papp an seng Mamm? Wéi kann hien elo soen: ‚Ech sinn aus dem Himmel erofkomm'?" [43] De Jesus huet hinne geäntwert: „Haalt op, ënnereneen ze knouteren! [44] Et ka kee bei mech kommen, et sief dann, de Papp, dee mech geschéckt huet, géif hien unzéien; an ech, ech loossen deejéinegen dann op

Jéngsterdag operstoen. [45] Bei de Prophéite steet ge-
schriwwen: Si ginn *alleguer Schüler vum Herrgott*[b]. Jidder-
een, deen op de Papp lauschtert a vun him léiert,
kënnt bei mech. [46] Et ass net, wéi wa scho jee ier-
gendeen de Papp gesinn hätt; nëmmen deejéinegen,
dee vum Herrgott hier ass, huet de Papp gesinn.
[47] Amen, amen, ech soen iech: Wie gleeft, huet
éiwegt Liewen. [48] Ech sinn d'Brout vum Liewen.
[49] Är Pappen hunn an der Wüüst d'Manna giess, an
si si gestuerwen. [50] Dat hei awer ass d'Brout, dat aus
dem Himmel erofkënnt, fir datt deen, deen dervun
ësst, net stierft. [51] Ech sinn dat liewegt Brout, dat aus
dem Himmel erofkomm ass: Wann ee vun dësem
Brout ësst, da lieft hien an Éiwegkeet; d'Brout, dat
ech ginn, dat ass mäi Fleesch fir d'Liewe vun der
Welt."

[52] Dueropshin hunn d'Judden ënnerenee ge-
stridden, an si soten: „Wéi kann deen do äis säi
Fleesch z'iesse ginn?" [53] Du sot de Jesus zu hinnen:
„Amen, amen, ech soen iech: Wann dir dem Mën-
schejong säi Fleesch net iesst an säi Blutt net drénkt,
dann hutt dir d'Liewen net an iech. [54] Wie mäi
Fleesch ësst a mäi Blutt drénkt, deen huet éiwegt
Liewen, an ech loossen hien operstoen op Jéngster-
dag. [55] Well mäi Fleesch ass wierklech fir z'iessen, a
mäi Blutt ass wierklech fir ze drénken. [56] Wie mäi
Fleesch ësst a mäi Blutt drénkt, dee bleift a mir, an
ech bleiwen an him. [57] Wéi de Papp, dee lieweg ass,
mech geschéckt huet, a wéi ech duerch de Papp

liewen, esou lieft och deejéinegen, dee mech ësst, duerch mech. [58] Dat hei ass d'Brout, dat aus dem Himmel erofkomm ass. Mat him ass et net wéi mat deem Brout, dat d'Pappe giess hunn, well si si gestuerwen. Wien dat heite Brout ësst, dee lieft an Éiwegkeet."

[59] Dat sot hien, wéi hien d'Leit an der Synagog zu Kapharnaum geléiert huet.

[60] Vill vun senge Jünger, déi nogelauschtert haten, soten: „Dat do sinn haart Wierder. Wie kann se nolauschteren?" [61] De Jesus, dee bei sech woussst, datt seng Jünger doriwwer geknoutert hunn, sot zu hinnen: „Stousst dir iech dorunner? [62] A wann dir de Mënschejong duer eropgoe geséicht, wou hie virdru war? [63] Et ass de Geescht, dee lieweg mécht; d'Fleesch daacht näischt. Déi Wierder, déi ech iech gesot hunn, si Geescht a Liewen. [64] Ma 't gëtt der ënner iech, déi net gleewen." De Jesus woussst nämlech vun Ufank un, wien déi wären, déi net gleewe géifen, a wien dee wär, deen hie verrode géif. [65] An hie sot: „Dowéinst hunn ech iech gesot, datt kee bei mech komme kann, wann et him net vum Papp ginn ass."

[66] Dueropshi sinn der vill vun senge Jünger hirer Wee gaang, an si goungen net méi mat him virun. [67] Dunn huet de Jesus déi Zwielef gefrot: „Gitt dir éiren och gär fort?" [68] De Simon Péitrus huet him geäntwert: „Här, bei wie sollte mir goen? Du hues [dach] Wierder vun éiwegem Liewen! [69] Mir gleewen, a mir hunn erkannt, datt s du den Hellege bass, dee

vum Herrgott kënnt." [70] De Jesus huet hinne geäntwert: „Hunn net ech iech allen zwielef auserwielt? An dach ass ee vun iech en Däiwel." [71] Domadder huet hien de Judas gemengt, dem Simon Iskariot säi Jong, deen hien ausliwwere sollt — ee vun deenen Zwielef.

---

[a] Ps 78,24.
[b] Is 54,13.

7 [1] Duerno ass de Jesus uechter Galiläa gaang. Hie wollt nämlech net a Judäa goen, well d'Judde gesicht hunn, fir hien doutzemaachen.

[2] De Judden hiert Sukkoth-Fest[a] war nobäi. [3] Du soten dem Jesus seng Bridder zu him: „Géi fort vun hei, géi iwwer a Judäa, fir datt och deng Jünger déi Wierker gesinn, déi s du méchs! [4] Et mécht een näischt am Verbuergenen, wann een duerno strieft, an der Ëffentlechkeet ze stoen. Wann s du schonn esou Saache méchs, da weis dech dach der Welt!" [5] Seng Bridder hunn nämlech net un hie gegleeft. [6] Dunn huet de Jesus hinne geäntwert: „Meng Zäit ass nach net do, fir iech awer ass ëmmer de richtegen Ament. [7] D'Welt kann iech net haassen, mech awer haasst se, well ech bezeien, datt hir Wierker béis sinn. [8] Gitt dir roueg doropper op d'Fest! Ech ginn net op dat heite Fest, well meng Zäit ass nach net erfëllt." [9] Esou sot hien, an dunn ass hien a Galiläa bliwwen.

¹⁰ Nodeems dem Jesus seng Bridder op d'Fest gaang waren, ass och hien dohigaang, awer net ëffentlech, ma heemlech. ¹¹ D'Judden hunn hien um Fest gesicht a gefrot: „Wou ass hien?" ¹² D'Leit hunn ënner sech vill iwwer hie geschwat. Déi eng soten, hie wär e gudde Mënsch, anerer awer hu gemengt: „Neen, hie féiert d'Vollek an d'Ier." ¹³ Et huet awer keen sech getraut, seng Meenung iwwer de Jesus haart ze soen, aus Angscht virun de Judden.

¹⁴ Wéi d'Fest schonn hallef eriwwer war, ass de Jesus erop an den Tempel gaang an huet d'Leit geléiert. ¹⁵ Dunn hunn d'Judden sech gewonnert a soten: „Wéi kann deen do d'Schrëfte kennen, ouni studéiert ze hunn?" ¹⁶ De Jesus huet hinne geäntwert: „Meng Léier kënnt net vu mir, ma vun deem, dee mech geschéckt huet. ¹⁷ Wie gären dat mécht, wat dee wëllt, [dee mech geschéckt huet,] deen erkennt, ob meng Léier vum Herrgott kënnt oder ob ech vu mir aus schwätzen. ¹⁸ Wie vun sech aus schwätzt, dee sicht seng eegen Éier. Wien awer d'Éier vun deem sicht, deen hie geschéckt huet, deen ass wahrhafteg, an et gëtt keng Ongeruedheet an him.

¹⁹ Huet net de Moses iech d'Gesetz ginn? An dach hält kee vun iech sech un dat Gesetz. Firwat wëllt dir mech doutmaachen?" ²⁰ D'Leit hunn him geäntwert: „Du bass vun engem Dämon besiess! Wie wëllt dech doutmaachen?" ²¹ De Jesus huet hinne geäntwert: „Ech hunn een eenzegt Wierk gemaach, an dir wonnert iech all. ²² De Moses huet iech d'Be-

schneidung ginn – net datt se vum Moses kéim, ma vun de Pappen –, an um Sabbat beschneit dir e Mënsch. 23 Wann e Mënsch um Sabbat beschnidde gëtt, fir datt dem Moses säi Gesetz net opgehuewe gëtt, firwat sidd dir da rose mat mir, wann ech e ganze Mënsch um Sabbat gesond gemaach hunn? 24 Uerteelt net dem Uschäin no, ma uerteelt gerecht!"

25 Dunn hunn der e puer vun de Jerusalemer gesot: „Ass dat hei net deen, deen se doutmaache wëllen? 26 Kuck, hie schwätzt an der Ëffentlechkeet, an si soen näischt zu him. Sollen déi Iewescht éiren erkannt hunn, datt hien de Christus ass? 27 Vun him hei wësse mir zwar, vu wou hien hier ass. Wann awer de Christus kënnt, da weess keen, vu wou deen hier ass." 28 Wéi de Jesus elo am Tempel geléiert huet, huet hie geruff: „Dir kennt mech an dir wësst, vu wou ech hier sinn. Ech sinn net vu mir aus komm, ma deen, dee wahrhafteg ass an deen dir net kennt, huet mech geschéckt. 29 Ech kennen hien, well ech vun him hierkommen, a well hie mech geschéckt huet." 30 Dunn hunn si e Wee gesicht, fir hie festzehuelen, ma et huet keen Hand un hie geluecht, well seng Stonn nach net komm war.

31 Vill Leit aus dem Vollek hunn un hie gegleeft a soten: „Kann de Christus, wann hie kënnt, éire méi grouss Zeeche maachen, wéi hien hei der gemaach huet?" 32 D'Pharisäer hunn héieren, wat d'Leit ënner sech vum Jesus gesot hunn. Dueropshin hunn d'Hohepriister an d'Pharisäer hir Dénger dohigeschéckt, fir

hie festzehuelen. [33] Dunn huet de Jesus gesot: „Ech sinn nëmmen nach eng kuerz Zäit bei iech, an da ginn ech fort bei deen, dee mech geschéckt huet. [34] Dir sicht mech dann, awer dir fannt mech net, well wou ech sinn, duer kënnt dir net hikommen." [35] Dunn hunn d'Judden zuenee gesot: „Wuer soll deen doten higoen, datt mir hien net fanne kënnen? Soll hien éire bei d'Griichen an d'Diaspora goen an déi ënnerriichten? [36] Wat heescht dat, wat hie gesot huet: ‚Dir sicht mech dann, awer dir fannt mech net, well wou ech sinn, duer kënnt dir net hikommen.'?"

[37] Dee leschten, groussen Dag vum Fest huet de Jesus sech dohi gestallt a geruff: „Jiddereen, deen duuschtereg ass, soll bei mech kommen an drénken! [38] Wéi d'Schrëft sot: Stréim vu liewegem Waasser fléissen aus dem Schouss vun deem, deen u mech gleeft.[b]" [39] Domat huet hien de Geescht gemengt, deen déi emfänke géifen, déi un de Jesus gleewen. De Geescht war nämlech nach net do, well de Jesus nach net verherrlecht war.

[40] Wéi eng Rei Leit dat elo héieren hunn, soten si: „Deen heiten ass wierklech e Prophéit." [41] Anerer awer soten: „Deen heiten ass de Christus." Nach anerer soten: „Kënnt de Christus dann éiren aus Galiläa? [42] Steet net an der Schrëft, datt de Christus aus dem Geschlecht vum David staamt a vu Bethlehem hier ass, dem David sengem Duerf?" [43] Esou waren d'Leit wéinst senger gedeelter Meenung. [44] Ver-

schiddener vun hinne wollten hie festhuelen, ma et huet keen Hand un hie geluecht.

[45] Du sinn d'Dénger bei d'Hohepriister a bei d'Pharisäer zréckkomm. Déi hunn si gefrot: „Firwat hutt dir hien net matbruecht?" [46] D'Dénger hu geäntwert: „Et huet nach ni e Mënsch esou geschwat." [47] D'Pharisäer soten zu hinnen: „Loosst dir iech och schonn an d'Ier féieren? [48] Gleeft éiren ee vun deenen Ieweschten oder ee vun de Pharisäer un hien? [49] Neen, nëmme just dat Vollek hei, dat d'Gesetz net kennt a verflucht ass!" [50] Dunn huet den Nikodemus, dee virdru bei de Jesus komm war an deen ee vun hinne war, si gefrot: [51] „Veruerteelt dann eist Gesetz e Mënsch, ouni hie fir d'éischt ze héieren an ze verstoen, wat hie mécht?" [52] Si hunn him geäntwert: „Bass du dann éiren och aus Galiläa? Fuersch, an da gesäis du: De Prophéit kënnt net aus Galiläa!"

[53] Du sinn si alleguer heemgaang.

---

[a] Laubhüttenfest.
[b] Et ass net sécher, wat fir en Zitat heimat gemengt ass.

8 [1] De Jesus awer ass op den Olivebierg gaang. [2] Muerges fréi goung hien nees an den Tempel, an d'ganzt Vollek ass bei hie komm. Hien huet sech niddergesat an huet si geléiert. [3] Dunn hunn d'Schréftgeléiert an d'Pharisäer eng Fra dohi bruecht, déi erwëscht gi war, wéi si d'Bestietnes gebrach hat. Si

hunn d'Fra an d'Mëtt gestallt [4] a soten zum Jesus: „Meeschter, dës Fra ass op fréscher Dot erwëscht ginn, wéi si friemgaang ass. [5] Am Gesetz huet de Moses äis virgeschriwwen, esou Fraen ze stengegen. An du, wat sees du dozou?" [6] Dat soten si, fir hien op d'Prouf ze stellen; si hunn nämlech eng Ursaach gesicht, fir hien unzekloen. De Jesus awer huet sech gebéckt an huet mam Fanger op de Buedem geschriwwen. [7] Wéi si sech drugehal hunn, hien ze froen, huet hien sech opgeriicht a sot zu hinnen: „Wie vun iech nach ni gesënnegt huet, dee soll als Éischten e Steen op si geheien!" [8] Dunn huet hien sech nees gebéckt an huet op de Buedem geschriwwen. [9] Wéi si dat héieren hunn, sinn si hirer Wee gaang, een nom aneren, fir d'éischt déi Eelst. De Jesus ass eleng zréckbliwwe mat der Fra, déi nach an der Mëtt stoung. [10] Hien huet sech opgeriicht a sot zu hir: „Fra, wou sinn si? Huet keen dech veruerteelt?" [11] Si sot: „Keen Eenzegen, Här." Du sot de Jesus: „Och ech veruerteelen dech net. Géi a sënneg vun elo un net méi!"

[12] Eng aner Kéier sot de Jesus zu hinnen: „Ech sinn d'Liicht vun der Welt. Wie mir nokënnt, dee geet net an der Däischtert, ma huet d'Liicht vum Liewen." [13] Dunn hunn d'Pharisäer zu him gesot: „Du lees vun dir selwer Zeegnes of. Däin Zeegnes ass net wouer." [14] De Jesus huet hinne geäntwert: „Och wann ech vu mir selwer Zeegnes ofleeën, dann ass mäin Zeegnes dach wouer, well ech weess, wou

ech hierkomm sinn a wuer ech higinn. Dir awer wësst net, wou ech hierkommen a wuer ech higinn. [15] Dir uerteelt, wéi Mënschen uerteelen[a]; ech awer uerteelen iwwer keen. [16] Ma wann ech uerteelen, dann ass mäin Uerteel wouer, well ech net eleng sinn, ma zesumme mat dem Papp, dee mech geschéckt huet. [17] An ärem eegene Gesetz steet jo geschriwwen, datt d'Zeegnes vun zwéi Mënsche wouer ass: [18] Ech sinn et, deen Zeegnes fir mech ofleet, an de Papp, dee mech geschéckt huet, leet och Zeegnes fir mech of." [19] Du soten si zu him: „Wou ass dann däi Papp?" De Jesus huet geäntwert: „Dir kennt weder mech nach mäi Papp. Wann dir mech kenne géift, da géift dir och mäi Papp kennen." [20] Dës Wierder sot de Jesus am Haff bei den Afferstäck[b], wéi hien am Tempel geléiert huet. An et huet keen Hand un hie geluecht, well seng Stonn nach net komm war.

[21] A weider sot de Jesus zu hinnen: „Ech ginn elo fort, an da sicht dir mech, an dir stierft an ärer Sënd. Duer, wuer ech higinn, duer kënnt dir net hikommen." [22] Dunn hunn d'Judde gesot: „Hie wäert sech dach net selwer ëmbréngen, well hie seet: ‚Duer, wuer ech higinn, duer kënnt dir net hikommen.'?" [23] Hie sot zu hinnen: „Dir sidd der vun hei ënnen, ech sinn ee vun do uewen. Dir sidd vun dëser Welt, ech sinn net vun dëser Welt. [24] Dofir hunn ech iech gesot, datt dir an äre Sënne stierft. Wann dir net gleeft, datt ‚Ech Sinn', da stierft dir an äre Sënnen."

[25] Dunn hunn si hie gefrot: „Wie bass du?" De Jesus huet hinne geäntwert: „Dat, wat ech iech vun Ufank u gesot hunn.[c] [26] Ech hunn zwar nach vill iwwer iech ze soen an ze uerteelen, ma deen, dee mech geschéckt huet, ass wahrhafteg, an dat, wat ech bei him héieren hunn, dat soen ech der Welt." [27] Si hunn net verstan, datt hien hinne vum Papp geschwat huet. [28] Du sot de Jesus zu hinnen: „Wann dir de Mënschejong erhéicht hutt, dann erkennt dir, datt ‚Ech Sinn' an datt ech näischt vu mir aus maachen, ma datt ech dat soen, wat de Papp mech geléiert huet. [29] Deen, dee mech geschéckt huet, ass mat mir. Hie léisst mech net eleng, well ech ëmmer dat maachen, wat him gefält."

[30] Wéi de Jesus dat gesot huet, hunn der vill un hie gegleeft. [31] Du sot hien zu de Judden, déi un hie gegleeft hunn: „Wann dir a mengem Wuert bleift, da sidd dir wierklech meng Jünger. [32] Dann erkennt dir d'Wourecht, an d'Wourecht mécht iech fräi." [33] Si hunn him geäntwert: „Mir sinn dem Abraham seng Nokommen, a mir hunn nach ni engem als Sklave gedéngt. Wéi kanns du soen, datt mir da fräi ginn?" [34] De Jesus huet hinne geäntwert: „Amen, amen, ech soen iech: Jiddereen, dee sënnegt, ass e Sklav vun der Sënd. [35] De Sklav awer bleift net an all Éiwegkeet am Haus. De Jong, dee bleift an all Éiwegkeet. [36] Wann de Jong iech fräi mécht, da gitt dir wierklech fräi.

[37] Ech weess, datt dir dem Abraham seng Nokomme sidd, awer dir sicht fir mech doutzemaachen,

well mäi Wuert net bei iech ukënnt. [38] Dat, wat ech beim Papp gesinn hunn, soen ech. Maacht dir also och dat, wat dir beim Papp héieren hutt!" [39] Si hunn him geäntwert: „Eise Papp ass den Abraham." De Jesus sot zu hinnen: „Wann dir Kanner vum Abraham wäert, da géift dir och dem Abraham seng Wierker maachen! [40] Elo awer sicht dir, fir mech doutzemaachen – mech, e Mënsch, deen iech déi Wourecht gesot huet, déi hie beim Herrgott héieren huet. Dat huet den Abraham net gemaach. [41] Dir maacht ärem Papp seng Wierker." Si hunn him geäntwert: „Mir sinn dach keng Baaschterten! Mir hunn nëmmen ee Papp: den Herrgott." [42] Du sot de Jesus zu hinnen: „Wann den Herrgott wierklech äre Papp wär, dann hätt dir mech gär, well ech sinn aus dem Herrgott ervirgaang a vu Gott hierkomm. Ech sinn nämlech net vu mir aus komm, ma hien huet mech geschéckt. [43] Firwat verstitt dir net, wat ech soen? – Well dir mäi Wuert net héiere kënnt! [44] Äre Papp ass den Däiwel, an dir wëllt dat maachen, wat äre Papp begiert. Hie war vun Ufank un e Mënschemäerder, an hie steet net an der Wourecht, well keng Wourecht an him ass. Wann hie litt, da schäfft hien aus Sengem, well hien e Ligener ass an de Papp vun all Ligen. [45] Mir awer gleeft dir net, well ech d'Wourecht soen. [46] Wie vun iech ka mir eng Sënd noweisen? Wann ech awer d'Wourecht soen, firwat gleeft dir mir dann net? [47] Wien aus dem Herrgott ass, deen héiert dem

Herrgott seng Wierder. Well dir net aus dem Herr-
gott sidd, dofir héiert dir net."

48 D'Judde soten zu him: „Hu mir dann net recht,
wa mir soen, datt s du e Samariter bass, an datt s du
vun engem Dämon besiess bass?" 49 De Jesus huet
geäntwert: „Ech sinn net vun engem Dämon besiess,
ma ech éiere mäi Papp; dir awer entéiert mech.
50 Ech sichen net meng Herrlechkeet, ma et gëtt een,
deen [se] sicht an dee riicht. 51 Amen, amen, ech
soen iech: Wien sech u mäi Wuert hält, dee gesäit an
all Éiwegkeet den Doud net." 52 Du soten d'Judden
zu him: „Elo wësse mir, datt s du vun engem
Dämon besiess bass! Den Abraham ass gestuerwen,
an d'Prophéiten och, an du sees: ‚Wien sech u mäi
Wuert hält, dee kritt an all Éiwegkeet den Doud net
ze schmaachen.' 53 Bass du dann éire méi grouss wéi
eise Papp, den Abraham, dee gestuerwen ass? An
d'Prophéite sinn och gestuerwen. Fir wien häls du
dech?" 54 De Jesus huet geäntwert: „Wann ech mech
selwer verherrlechen, dann ass meng Herrlechkeet
näischt wäert. Mäi Papp ass et, dee mech verherr-
lecht, hien, vun deem dir sot: ‚Hien ass eise Gott.'
55 Dir hutt hien net erkannt, ech awer kennen hien.
A wann ech soe géif, ech géif hien net kennen, da
wär ech e Ligener wéi dir. Ma ech kennen hien, an
ech hale mech un säi Wuert. 56 Den Abraham, äre
Papp, huet jubiléiert, well hie mäin Dag gesi sollt.
Hien huet e gesinn an huet sech gefreet." 57 Dunn
hunn d'Judden zu him gesot: „Du hues nach net

emol 50 Joer, an du wëlls den Abraham gesinn hunn?" [58] De Jesus huet hinne geäntwert: „Amen, amen, ech soen iech: Schonn éier den Abraham gebuer war, ‚Sinn Ech'." [59] Dunn hunn si Steng opgeraaft, fir dermat op hien ze geheien. De Jesus awer huet sech verstoppt an ass dunn aus dem Tempel erausgaang.

---

[a] Wuertwiertlech: Dir uerteelt dem Fleesch no.
[b] Wuertwiertlech: an der Schazkummer.
[c] Aner Méiglechkeet: Datt ech iwwerhaapt nach mat iech schwätzen!

9 [1] Wéi de Jesus do gaang ass, huet hien e Mann gesinn, dee vu Gebuert u blann war. [2] Dunn hunn seng Jünger hie gefrot: „Rabbi, wien huet gesënnegt, esou datt dee Mann hei blann op d'Welt komm ass – hie selwer oder seng Elteren?" [3] De Jesus huet geäntwert: „Weder hien nach seng Elteren hu gesënnegt, ma et ass esou, fir datt dem Herrgott seng Wierker un him gewise gi kënnen. [4] Mir mussen d'Wierker vun deem, dee mech geschéckt huet, verwierklechen, esoulaang et Dag ass, well d'Nuecht kënnt, an där kee méi eppes wierke kann. [5] Esoulaang wéi ech an der Welt sinn, sinn ech d'Liicht vun der Welt." [6] Nodeems hien dat gesot hat, huet hien op de Buedem gespaut. Hien huet mat dem Spaut Bulli gemaach an huet deem Blannen de Bulli op d'Ae geschmiert. [7] Du sot hien zu him: „Géi dech an de Schiloacher Bad wäschen (Schiloach gëtt iwwersat mat: deen, dee geschéckt ginn ass)!" Dee Blannen ass fortgaang an huet sech gewäsch, a wéi hien zréckkoum, konnt hie gesinn.

8 D'Noperen an déi Leit, déi hie fréier als Heeschemann kannt haten, soten: „Ass dat hei net deen, deen do souz ze heeschen?" 9 Déi eng hu gesot: „Et ass hien", déi aner soten: „Neen, hie gläicht him just." Hie selwer awer sot: „Ech sinn et!" 10 Dunn hunn si hie gefrot: „Wéi sinn deng Aen dann opgemaach ginn?" 11 Hien huet geäntwert: „Dee Mënsch, dee Jesus genannt gëtt, huet Bulli gemaach a mir en op d'Ae geschmiert, an hie sot zu mir: ‚Géi op Schiloach a wäsch dech!' Ech sinn also dohigaang, an nodeems ech mech gewäsch hat, konnt ech gesinn." 12 Dunn hunn si hie gefrot: „Wou ass dee Jesus?" Hie sot: „Ech weess et net."

13 Dueropshin hunn si dee Mann, dee virdru blann war, bei d'Pharisäer gefouert. 14 Deen Dag, op deem de Jesus de Bulli gemaach an deem Blannen seng Aen opgemaach hat, war awer e Sabbat. 15 D'Pharisäer hunn hien elo och nach eng Kéier gefrot, wéi et komm ass, datt hie gesi konnt. Hie sot zu hinnen: „Hien huet mir Bulli op d'Ae gemaach, an ech hu mech gewäsch, an elo kann ech gesinn." 16 Du soten der e puer vun de Pharisäer: „Dee Mënsch kann net vum Herrgott kommen, well hien de Sabbat net anhält." Anerer awer soten: „Wéi kann e

Mënsch, deen e Sënner ass, esou Zeeche maachen?" An si ware gedeelter Meenung. [17] Du soten si op en Neis zu deem Blannen: „Wat sees du da vun him — et si jo deng Aen, déi hien opgemaach huet?" De Mann sot: „Hien ass e Prophéit."

[18] D'Judden hunn net gegleeft, datt hie blann gewiescht war an elo gesi konnt, bis si seng Eltere geruff [19] an si gefrot haten: „Ass dat hei äre Jong, vun deem dir sot, datt hie blann op d'Welt komm ass? Wéi kënnt et dann, datt hien elo gesäit?" [20] Seng Elteren hu geäntwert: „Mir wëssen, datt dat hei eise Jong ass an datt hie blann op d'Welt komm ass. [21] Wéi et awer kënnt, datt hien elo gesäit, dat wësse mir net, a wien seng Aen opgemaach huet, dat wësse mir och net. Frot hie selwer; hien ass al genuch, fir fir sech selwer ze schwätzen!" [22] Dëst soten seng Elteren, well si d'Judde gefaart hunn. D'Judden haten nämlech schonn ofgemaach, datt deejéinegen an de Synagogebann kéim, dee bekenne géif, datt de Jesus de Christus wär. [23] Dowéinst soten seng Elteren: „Hien ass al genuch; frot hie selwer!"

[24] Dunn hunn d'Judden de Mann, dee blann gewiescht war, eng zweete Kéier geruff a soten zu him: „Gëff dem Herrgott d'Éier! Mir wëssen, datt dee Mënsch do e Sënner ass." [25] Hien huet geäntwert: „Ob hien e Sënner ass, dat weess ech net. Ma eent weess ech: Ech war blann, an elo kann ech gesinn." [26] Du soten si zu him: „Wat huet hie mat dir gemaach? Wéi huet hien deng Aen opgemaach?" [27] Hien

huet hinne geäntwert: „Ech hunn iech et scho gesot, ma dir hutt net nogelauschtert. Firwat wëllt dir et nach eng Kéier héieren? Wëllt dir éiren och seng Jünger ginn?" 28 Dunn hunn si hien ugeranzt a soten: „Du bass e Jünger vun deem do, mir awer si Jünger vum Moses. 29 Mir wëssen, datt den Herrgott mam Moses geschwat huet; vun deem do awer wësse mir net, vu wou hien ass." 30 De Mann huet hinne geäntwert: „Grad dat ass jo verwonnerlech, datt dir net wësst, vu wou hien ass, an dobäi huet hie mir d'Aen opgemaach. 31 Mir wëssen, datt den Herrgott net op Sënner lauschtert. Wien awer den Herrgott éiert an dat mécht, wat den Herrgott wëllt, op dee lauschtert hien. 32 Et huet nach sengerliewe keen héieren, datt een d'Ae vun engem, dee blann op d'Welt komm ass, opgemaach hätt. 33 Wann deen do net vum Herrgott kéim, dann hätt hien iwwerhaapt näischt kënne maachen." 34 Du soten si zu him: „Du stéchs ganz an der Sënd, zënter datt s du op d'Welt komm bass[a], an du wëlls äis beléieren?" An si hunn hien erausgehäit.

35 De Jesus huet héieren, datt si hien erausgehäit haten. Wéi hien de Mann fonnt hat, sot hien zu him: „Gleefs du un de Mënschejong?" 36 De Mann huet geäntwert: „So mir, wien et ass, Här, fir datt ech un hie gleewe kann!" 37 Dueropshi sot de Jesus zu him: „Ma du hues hie scho gesinn – et ass deen, deen amgaang ass, mat dir ze schwätzen!" 38 Du sot de Mann: „Ech gleewen, Här." An hien huet sech virum Jesus niddergehäit.

[39] De Jesus sot: „Fir en Uerteel ze spriechen, sinn ech an dës Welt komm: Déi, déi net gesinn, solle gesinn, an déi, déi gesinn, solle blann ginn!" [40] Eng Rei vun de Pharisäer, déi bei him waren, hunn dat héieren, an si hunn hie gefrot: „Si mir éiren och blann?" [41] De Jesus sot zu hinnen: „Wann dir blann wäert, dann hätt dir keng Sënd. Elo awer, wou dir sot: ‚Mir gesinn', bleift dir an der Sënd.

---

[a] Wuertwiertlech: Ganz a Sënne bass du op d'Welt komm.

10

[1] Amen, amen, ech soen iech: Deejéinegen, deen net duerch d'Dier an de Schof hire Stall erageet, ma anerwäerts eraklëmmt, deen ass en Déif an e Raiber. [2] Deejéinegen awer, deen duerch d'Dier erageet, deen ass den Hiert vun de Schof. [3] Him mécht de Wiechter d'Dier op, an d'Schof lauschteren op seng Stëmm. Hie rifft déi Schof, déi him gehéieren, mam Numm a féiert se eraus. [4] Wann hien all déi, déi him gehéieren, erausgedriwwen huet, da geet hie virun hinnen hier, an seng Schof ginn him no, well se seng Stëmm kennen. [5] Engem Friemen awer ginn se kees no, ma se lafe virun him fort, well se deene Friemen hir Stëmm net kennen." [6] Dës Geschicht huet de Jesus hinne verzielt, si awer hunn net verstan, wat hien hinnen domat soe wollt.

[7] Du sot de Jesus op en Neis: „Amen, amen, ech soen iech: Ech sinn d'Dier fir bei d'Schof. [8] All déi,

déi viru mir komm sinn, sinn Déif a Raiber, ma d'Schof hunn net op si gelauschtert. [9] Ech sinn d'Dier: Wien och ëmmer duerch mech erageet, dee gëtt gerett; hie geet dann an an aus a fënnt eng Weed. [10] Den Déif kënnt nëmme just fir ze klauen, fir doutzemaachen a fir verluer goen ze loossen. Ech awer si komm, fir datt se d'Liewen hunn an et am Iwwerfloss hunn.

[11] Ech sinn dee gudden Hiert. Dee gudden Hiert gëtt säi Liewen hier fir d'Schof. [12] Wann dee gedangte Kniecht, deen net den Hiert ass an deem d'Schof net gehéieren, de Wollef komme gesäit, da léisst hien d'Schof am Stéch a mécht sech duerch d'Bascht, an dann hëlt de Wollef se a jeet se auserneen. [13] Esou geet et, well de Kniecht nëmme gedangt ass an him näischt un de Schof läit.

[14] Ech sinn dee gudden Hiert. Ech kenne meng Schof, a meng Schof kenne mech, [15] esou wéi de Papp mech kennt an ech de Papp kennen. Mäi Liewe ginn ech hier fir d'Schof. [16] Ech hunn awer nach aner Schof, déi net aus dësem Stall sinn. Och déi muss ech féieren, da lauschteren se op meng Stëmm, an esou gëtt et eng eenzeg Häerd mat engem eenzegen Hiert.

[17] De Papp huet mech gär, well ech mäi Liewen hierginn, fir et erëmzehuelen. [18] Et hëlt kee mir et ewech, ma ech ginn et vu mir aus hier. Ech hunn d'Muecht, fir et hierzeginn, an ech hunn d'Muecht,

fir et erëmzehuelen. Dësen Optrag hunn ech vu mengem Papp kritt."

[19] Iwwer dës Wierder waren d'Judden nees gedeelter Meenung. [20] Vill vun hinnen hu gesot: „Hien ass vun engem Dämon besiess a roost. Firwat lauschtert dir him no?" [21] Anerer hu gesot: „Dës Wierder kommen net vun engem, dee besiess ass. Kann dann éiren en Dämon engem Blannen d'Aen opmaachen?"

[22] Du war zu Jerusalem d'Fest vun der Tempelwei, an et war Wanter. [23] De Jesus ass am Tempel an der Sailenhal vum Salomo op an of gaang. [24] Dunn hunn d'Judden hien agekreest a soten zu him: „Wéi laang häls du äis nach hin? Wann s du de Christus bass, da so äis et riichteraus!" [25] De Jesus huet hinne geäntwert: „Ech hunn iech et schonns gesot, awer dir gleeft net. Déi Wierker, déi ech a mengem Papp sengem Numm maachen, déi leeën Zeegnes fir mech of. [26] Awer dir gleeft net, well dir net zu menge Schof gehéiert. [27] Meng Schof lauschteren op meng Stëmm; ech kennen se, an se komme mir no. [28] Ech ginn hinnen éiwegt Liewen. An all Éiwegkeet ginn se net verluer, an et hëlt kee mir se aus der Hand. [29] Mäi Papp, dee mir se ginn huet, ass méi grouss wéi alles, an et ka keen dem Papp iergendeppes aus der Hand huelen. [30] Ech an de Papp, mir sinn eent."

[31] Dunn hunn d'Judden nees Steng opgeraaft, fir hien ze stengegen. [32] De Jesus huet hinne geäntwert: „Vill gutt Wierker vum Papp hunn ech iech gewisen.

Fir wat fir eent vun deene Wierker wëllt dir mech stengegen?" [33] D'Judden hunn him geäntwert: „Mir stengegen dech net wéinst engem gudde Wierk, ma well s du den Herrgott gelästert hues a well s du, e Mënsch, dech selwer zu Gott méchs!" [34] De Jesus huet hinne geäntwert: „Steet net an ärem Gesetz geschriwwen: *Ech hu gesot: Gëtter sidd dir*[a]? [35] Wann déijéineg Gëtter genannt ginn, un déi dem Herrgott säi Wuert geriicht war, a wann d'Schrëft net opgehuewe gi kann, [36] wéi kënnt dir vun deem soen, dee vum Papp gehellegt an an d'Welt geschéckt gouf: ,Hie lästert den Herrgott, wann hie seet: Ech sinn dem Herrgott säi Jong.'? [37] Wann ech net mengem Papp seng Wierker maachen, da gleeft mir net. [38] Wann ech se awer maachen, an dir gleeft mir net, da gleeft [wéinstens] de Wierker, fir datt dir erkennt a verstitt, datt de Papp a mir ass, an datt ech am Papp sinn." [39] Du wollten si hien nees festhuelen, awer hien ass hiren Hänn entkomm.

[40] De Jesus ass nees op déi aner Säit vum Jordan gaang, op déi Plaz, wou de Johannes fir d'éischt gedeeft hat, an hien ass do bliwwen. [41] An et sinn der vill bei hie komm, an si hu gesot: „De Johannes huet zwar keen Zeeche gemaach, awer alles, wat de Johannes iwwer deen dote gesot hat, war wouer." [42] An et hunn der vill do un hie gegleeft.

---

[a] Ps 82,6.

11 ¹ E Mann war krank, de Lazarus vu Bethanien. Dat ass dat Duerf, an deem d'Maria an hir Schwëster, d'Martha, gewunnt hunn. ² D'Maria war déi Fra, déi den Här mat parfüméiertem Ueleg gesaleft an seng Féiss mat hiren Hoer ofgedréchent hat. De Lazarus, dee krank war, war hire Brudder. ³ Duerfir hunn déi zwou Schwësteren nom Jesus geschéckt an him soe gelooss: „Här, kuck, de Lazarus, deen s du gär hues, ass krank." ⁴ Wéi de Jesus dat héieren huet, sot hien: „Seng Krankheet féiert net zum Doud, ma se ass do wéinst dem Herrgott senger Herrlechkeet, fir datt dem Herrgott säi Jong duerch si verherrlecht gëtt." ⁵ De Jesus hat d'Martha an hir Schwëster an de Lazarus gär. ⁶ Obschonns hien elo héieren huet, datt de Lazarus krank war, ass hien nach zwéin Deeg op där Plaz bliwwen, wou hie war. ⁷ Eréischt duerno sot hien zu senge Jünger: „Loosse mer hannescht a Judäa goen." ⁸ D'Jünger awer soten: „Rabbi, elo grad hunn d'Judde gesicht fir dech ze stengegen, an du wëlls duer hanneschtgoen?" ⁹ De Jesus huet geäntwert: „Huet den Dag net zwielef Stonnen? Een, deen am Dag doruechter geet, dee stéisst sech net, well hien d'Liicht vun déser Welt geséit, ¹⁰ ma een, deen an der Nuecht doruechter geet, dee stéisst sech, well d'Liicht net an him ass."

¹¹ Dëst huet hie gesot, an duerno sot hien zu hinnen: „De Lazarus, eise Frënd, ass entschlof, ma ech ginn elo dohin, fir hien aus dem Schlof z'erwächen." ¹² Du soten d'Jünger zu him: „Här, wann

hien entschlof ass, da gëtt hie gerett." [13] De Jesus hat
vum Lazarus sengem Doud geschwat, si awer hu ge-
mengt, hie géif vum gewéinleche Schlof schwätzen.
[14] Du sot de Jesus hinne riichteraus: „De Lazarus ass
gestuerwen, [15] an ech freeë mech wéinst ärer, datt dir
zum Glawe komme kënnt, grad well ech net do war.
Ma loosse mer elo bei hie goen." [16] Du sot den
Thomas, deen Zwilling genannt gouf, zu deenen
anere Jünger: „Loosse mir matgoen, fir mat him ze
stierwen!"

[17] Wéi de Jesus dohi komm ass, louch de Lazarus
schonn zënter véier Deeg am Graf. [18] Bethanien läit
no bei Jerusalem, ongeféier 15 Stadien[a] ewech. [19] Vill
vun de Judde ware bei d'Martha an d'Maria komm,
fir si wéinst hirem Brudder ze tréischten. [20] Wéi
d'Martha héieren huet, datt de Jesus kéim, ass si him
entgéintgaang; d'Maria awer ass am Haus bliwwen.
[21] Du sot d'Martha zum Jesus: „Här, wann s du hei
gewiescht wäers, da wär mäi Brudder net ge-
stuerwen. [22] Ma och elo weess ech: Dat, wourëms du
den Herrgott frees, dat gëtt den Herrgott dir." [23] De
Jesus sot zu hir: „Däi Brudder steet nees op."
[24] D'Martha huet him geäntwert: „Ech weess, datt
hien nees opsteet – bei der Operstéiung op Jéngster-
dag." [25] De Jesus sot zu hir: „Ech sinn d'Operstéiung
an d'Liewen: Wien u mech gleeft, dee lieft, och no-
deems hie gestuerwen ass, [26] a jiddereen, dee lieft an
u mech gleeft, dee stierft an all Éiwegkeet net. Gleefs
du dat?" [27] D'Martha sot zu him: „Jo, Här. Ech glee-

wen, datt s du de Christus bass, dem Herrgott säi Jong, deen an d'Welt kënnt."

²⁸ Dunn ass si fortgaang, huet heemlech hir Schwëster, d'Maria, geruff a sot zu hir: „De Meeschter ass do, an hie rifft dech." ²⁹ Wéi d'Maria dat héieren huet, ass si séier opgestan an ass bei hie gaang. ³⁰ De Jesus war nach net an d'Duerf eragaang, ma hie war nach ëmmer op där Plaz, wouhinner d'Martha him entgéintkomm war. ³¹ Wéi d'Judden, déi bei hir am Haus waren an si getréischt hunn, gesinn hunn, datt d'Maria séier opgestan an erausgaang ass, sinn si hir nogaang, well si gemengt hunn, si géif op d'Graf goen, fir do ze kräischen.

³² Wéi d'Maria dohi komm ass, wou de Jesus war, a wéi si hie gesinn huet, huet si sech virun him op de Buedem gehäit a sot zu him: „Här, wann s du hei gewiescht wäers, da wär mäi Brudder net gestuerwen." ³³ Wéi de Jesus gesinn huet, datt si gekrasch huet, an datt och d'Judden, déi mat hir dohi komm waren, gekrasch hunn, du war hien ënnerlech opgewullt an an enger Oprou. ³⁴ Hien huet gefrot: „Wuer hutt dir hien higeluecht?" Si hunn him geäntwert: „Komm, Här, a kuck!" ³⁵ Du sinn dem Jesus d'Tréine komm. ³⁶ D'Judde soten: „Kuck, wéi gär hien de Lazarus hat!" ³⁷ E puer vun hinnen awer soten: „Hätt deen do, deen deem Blannen d'Aen opgemaach huet, net och maache kënnen, datt de Lazarus net gestuerwe wär?"

³⁸ Dunn ass de Jesus, deen nees ënnerlech opgewullt war, bei d'Graf gaang: Et war eng Hillecht, déi

mat engem Steen zougemaach war. ³⁹ De Jesus sot: „Huelt de Steen ewech!" Du sot deem Verstuerwene seng Schwëster, d'Martha, zu him: „Här, hie richt schonn, et ass nämlech schonn de véierten Dag." ⁴⁰ De Jesus sot zu hir: „Hunn ech dir net gesot, datt s du dem Herrgott seng Herrlechkeet ze gesi kriss, wann s du gleefs?" ⁴¹ Dunn hunn si de Steen ewechgeholl. De Jesus huet opgekuckt a gesot: „Papp, ech soen dir merci, datt s du op mech gelauschtert hues. ⁴² Ech weess zwar, datt s du ëmmer op mech lauschters, awer wéinst deene ville Leit hei ronderëm hunn ech dat gesot, fir datt si gleewen, datt s du mech geschéckt hues." ⁴³ Nodeems hien dëst gesot hat, huet hien haart geruff: „Lazarus, komm eraus!" ⁴⁴ Dunn ass deen Doudegen erauskomm. Hien hat léngen Dicher ëm d'Féiss an ëm d'Hänn gebonnen an e Schweessduch ëm d'Gesiicht gewéckelt. De Jesus sot zu hinnen: „Maacht hie lass a loosst hie fortgoen!"

⁴⁵ Vill vun de Judden, déi bei d'Maria komm waren a gesinn hunn, wat de Jesus gemaach huet, hunn un hie gegleeft. ⁴⁶ E puer vun hinne si bei d'Pharisäer gaang an hunn deene verzielt, wat de Jesus gemaach hat.

⁴⁷ Dunn hunn d'Hohepriister an d'Pharisäer de Sanhedrin zesummegeruff an hu gesot: „Wat solle mir nëmme maachen? Dee Mënsch do mécht vill Zeechen. ⁴⁸ Wa mir hie gewäerde loossen, da gleewen se hannen um Enn nach alleguerten un hien, an da kommen d'Réimer an huelen äis souwuel dës

[helleg] Plaz wéi och d'Vollek ewech." ⁴⁹ Ee vun hinnen, de Kaiphas, deen dat Joer Hohepriister war, sot zu hinnen: „Dir verstitt iwwerhaapt näischt. ⁵⁰ Dir bedenkt net, datt et iech notzt, wann ee Mënsch fir d'Vollek stierft a wann net dat ganzt Vollek zugronn geet." ⁵¹ Dat huet hien awer net vun sech aus gesot, ma well hien den Hohepriister vun deem Joer war, huet hie prophezeit, de Jesus géif fir d'Vollek stierwen, ⁵² an net nëmme fir d'Vollek eleng, ma och fir datt hien dem Herrgott seng Kanner, déi verspreet sinn, an der Eenheet versammele géif. ⁵³ Vun deem Dag u waren si décidéiert, de Jesus doutzemaachen.

⁵⁴ Duerfir ass de Jesus vun deem Ament u bei de Judden net méi ëffentlech doruechter gaang. Hien ass vun do fortgaang an d'Gebitt no bei der Wüüst, an eng Stad, déi Efraim heescht, an do ass hie mat senge Jünger bliwwen.

⁵⁵ De Judden hiert Pessach-Fest war nobäi, a virum Pessach sinn der vill vum Land op Jerusalem eropgaang, fir sech ze rengegen. ⁵⁶ Si hunn de Jesus gesicht, an si soten een zu deem aneren, wéi si am Tempel stoungen: „Wat mengt dir – soll hien net op d'Fest kommen?" ⁵⁷ D'Hohepriister an d'Pharisäer haten nämlech den Uerder ginn, datt deen, dee gewuer géif, wou de Jesus wär, dat melle sollt, fir datt si hie festhuele kéinten.

ᵃ 5 Stadie sinn 1 Kilometer.

12 ¹ Sechs Deeg virum Pessach-Fest ass de Jesus op Bethanien gaang, wou de Lazarus war, dee vum Jesus vun deenen Doudegen erwächt gi war. ² Do hunn si en Iesse fir hie gemaach, an d'Martha huet bedéngt, iwwerdeems de Lazarus ee vun deene war, déi mat him um Dësch souzen.

³ Dunn huet d'Maria e Pond echten, deieren Nardenueleg geholl, dem Jesus d'Féiss gesaleft an se mat hiren Hoer ofgedréchent. Dat ganzt Haus huet nom Ueleg geroch. ⁴ Dueropshi sot de Judas Iskarioth, ee vum Jesus senge Jünger – deejéinegen, deen hien ausliwwere sollt: ⁵ „Firwat ass dësen Ueleg net fir 300 Sëlwermënze verkaaft ginn a firwat sinn déi Suen net deenen Aarme gi ginn?" ⁶ Dat huet hien awer net gesot, well him eppes un deenen Aarme geleeën hätt, ma well hien en Déif war a well hien d'Keess gefouert huet an dat, wat do erakomm ass, fir sech geholl huet. ⁷ Dunn huet de Jesus gesot: „Looss si gewäerden, well si huet e fir den Dag vu mengem Begriefnes versuergt.ᵃ ⁸ Déi Aarm hutt dir nämlech ëmmer bei iech, mech awer hutt dir net ëmmer."

⁹ Ganz vill Judde si gewuer ginn, datt hien do war, an si si komm, net eleng wéinst dem Jesus senger, ma och fir de Lazarus ze gesinn, deen hie vun den Doudegen erwächt hat. ¹⁰ Dunn hunn d'Hohepriister décidéiert, och de Lazarus doutzemaachen, ¹¹ well der vill vun de Judde wéinst senger [vun hinne] fortgaange sinn an un de Jesus gegleeft hunn.

¹² Deen Dag drop, wéi déi vill Leit, déi op d'Fest komm waren, héieren hunn, datt de Jesus op Jerusalem kéim, ¹³ hunn si Straiss vun de Palmen erofgerappt a sinn him entgéintgaang. Si hunn haart geruff:

> „Hosanna!
> Geseent sief deen, deen am Här sengem Numm kënnt,
> de Kinnek vun Israel!"ᵇ

¹⁴ De Jesus awer huet e jonken Iesel fonnt an huet sech op e gesat, esou wéi et geschriwwe steet: ¹⁵ *Fäert net, Duechter Zion! Kuck, däi Kinnek kënnt, hie sëtzt op engem Ieselsfillen.*ᶜ ¹⁶ Fir d'éischt hunn seng Jünger dat alles net verstan, ma wéi de Jesus verherrlecht war, hunn si sech drun erënnert, datt et esou iwwer hie geschriwwe stoung an datt et him och esou ergaang ass. ¹⁷ Déi sëllege Leit, déi bei him waren, wéi hien de Lazarus aus dem Graf geruff a vun den Doudegen erwächt huet, déi hunn dunn Zeegnes fir ien ofgeluecht. ¹⁸ Dofir sinn d'Leit him entgéintgaang, well si héieren haten, datt hien dat Zeeche gemaach hat. ¹⁹ D'Pharisäer hunn dunn zuenee gesot: „Dir gesidd jo, datt dir näischt erreecht. Kuckt, d'ganz Welt leeft him no!"

²⁰ Ënner deenen, déi op Jerusalem eropkomm waren, fir [den Herrgott] um Fest unzebieden, waren och en etlech Griichen. ²¹ Dës koume bei de Philippus vu Bethsaida a Galiläa an hunn hie gebieden: „Här, mir géife gär de Jesus gesinn!" ²² De Philippus

ass higaang an huet dem Andreas et gesot; du sinn den Andreas an de Philippus higaang an hunn dem Jesus et gesot. 23 De Jesus awer huet hinne geäntwert: „D'Stonn ass komm, wou de Mënschejong verherrlecht gi soll. 24 Amen, amen, ech soen iech: Wann de Weessekär net an de Buedem fält a stierft, da bleift en eleng; wann en awer stierft, dann dréit e vill Fruucht. 25 Wien un sengem Liewen hänkt, dee verléiert et; wien awer säi Liewen op dëser Welt haasst, deen erhält sech et bis an d'éiwegt Liewen eran. 26 Wann ee mir dénge wëllt, da soll hie mir nokommen, an do, wou ech sinn, do ass dann och mäin Dénger; wann ee mir déngt, da gëtt hie vum Papp geéiert.

27 *Elo ass meng Séil onroueg.*[d] Wat soll ech nëmme soen: Papp, rett mech aus dëser Stonn? Ma dowéinst sinn ech an dës Stonn komm. 28 Papp, verherrlech däin Numm!" Du koum eng Stëmm aus dem Himmel: „Ech hunn e schonns verherrlecht, an ech verherrlechen en och erëm." 29 Dueropshi soten der vill vun deene Leit, déi do stoungen an dëst héieren hunn: „Et huet gedonnert!" Anerer soten: „En Engel huet mat him geschwat!" 30 De Jesus huet hinne geäntwert: „Net wéinst menger ass dës Stëmm komm, ma wéinst ärer. 31 Elo gëtt Geriicht gehal iwwer dës Welt, elo gëtt den Herrscher vun dëser Welt erausgehäit. 32 An ech, wann ech da vun der Äerd erhéicht sinn, dann zéien ech se all u mech." 33 Dëst sot hien, fir unzedeiten, wat fir en Doud hie stierwe géif.

³⁴ D'Leit hunn him geäntwert: „Mir hunn am Ge-setz héieren, datt de Christus fir ëmmer an éiweg bleift. Wéi kanns du da soen, datt de Mënschejong erhéicht gi muss? Wien ass dee Mënschejong?" ³⁵ De Jesus huet hinne geäntwert: „D'Liicht ass nëmmen nach fir eng kuerz Zäit ënner iech. Gitt ronderëm, soulaang wéi dir d'Liicht hutt, fir datt d'Däischtert iech net iwwerkënnt. Well deen, deen an der Däischtert geet, dee weess net, wouhinner hie geet. ³⁶ Soulaang wéi dir d'Liicht hutt, gleeft un d'Liicht, fir datt dir Kanner vum Liicht gitt." Wéi de Jesus dat gesot hat, ass hie fortgaang an huet sech virun hinne verstoppt.

³⁷ Obschonns hie bei hinnen zou esou vill Zeeche gemaach hat, hunn si net un hie gegleeft, ³⁸ fir datt d'Wuert vum Prophéit Isaias sech erfëlle géif, dat dee gesot hat: *Här, wien huet eiser Verkënnegung gegleeft? An dem Herrgott seng Muecht^e, wiem ass se geoffenbaart ginn^f?* ³⁹ Dofir konnten si net gleewen, well den Isaias och nach gesot hat: ⁴⁰ *Hien huet hir Ae geblennt an hiert Häerz haart gemaach, fir datt si mat hiren Aen net gesinn a mat hirem Häerz net verstinn, fir datt si sech net bekéieren an ech si net heele kann.*^g ⁴¹ Dëst huet den Isaias gesot, well hien [dem Jesus] seng Herrlechkeet gesinn huet a vun him geschwat huet. ⁴² An awer hunn der eng ganz Rei vun deenen Ieweschten un hie gegleeft, ma wéinst de Pharisäer hunn si sech net dozou bekannt, fir net an de Synagogebann ze kommen. ⁴³ Si hunn nämlech d'Éier, déi vun de Mënsche kënnt, léiwer gehat wéi d'Éier, déi vum Herrgott kënnt.

⁴⁴ De Jesus huet haart geruff: „Deen, deen u mech gleeft, gleeft net u mech, ma un deen, dee mech geschéckt huet, ⁴⁵ an deen, dee mech gesäit, gesäit deen, dee mech geschéckt huet. ⁴⁶ Ech, ech sinn d'Liicht, dat an d'Welt komm ass, fir datt jiddereen, deen u mech gleeft, net an der Däischtert bleift. ⁴⁷ Wann ee meng Wierder héiert an sech net drun hält, da sinn net ech et, deen hie riicht, well ech sinn net komm, fir d'Welt ze riichten, ma fir d'Welt ze retten. ⁴⁸ Wien sech géint mech stellt a meng Wierder net unhëlt, deen huet säi Riichter fonnt: Dat Wuert, dat ech gesot hunn, dat riicht hien op Jéngsterdag. ⁴⁹ Ech hunn et nämlech net vu mir aus gesot, ma de Papp, dee mech geschéckt huet, huet mir opgedroen, wat ech soen a wouvun ech schwätze soll. ⁵⁰ An ech weess, datt dat, wat hie mir opgedroen huet, éiwegt Liewen ass. Dat, wat ech also soen, soen ech esou, wéi de Papp mir et gesot huet."

ᵃ Wuertwiertlech: Looss si gewäerden, fir datt si e fir den Dag vu mengem Begriefnes versuergt.

ᵇ Ps 118,25f.; Zef 3,15 LXX.

ᶜ Zach 9,9; Is 35,4; Is 40,9.

ᵈ Ps 6,4.

ᵉ Wuertwiertlech: dem Herrgott säin Aarm. Den Aarm ass an der Bibel eng Ëmschreiwung fir d'Begrëffer Muecht a Kraaft.

ᶠ Is 53,1 LXX.

ᵍ Is 6,9-10 LXX.

13 ¹ Et war virum Pessach-Fest. De Jesus wousst, datt seng Stonn komm war, fir aus dëser Welt bei de Papp ze goen. Hien hat déi gär, déi an der Welt zu him gehéiert hunn, an hien hat si gär bis un d'Enn. ² Iwwer Dësch, wéi den Däiwel dem Judas, dem Simon Iskarioth sengem Jong, schonn de Gedanken an d'Häerz geluecht hat, de Jesus auszeliwweren, ³ ass de Jesus, dee wousst, datt de Papp him alles an d'Hand ginn hat an datt hie vum Herrgott ausgaang war a bei den Herrgott hanneschtgoe géif, ⁴ vum Dësch opgestan, huet seng iewescht Kleeder ausgedoen, huet e léngen Duch geholl an huet sech et ëmgebonnen. ⁵ Dunn huet hie Waasser an eng Biddche geschott an huet ugefaang, senge Jünger d'Féiss ze wäschen an se mat dem léngen Duch ofzedréchnen, dat hien ëmgebonnen hat. ⁶ Wéi hie bei de Simon Péitrus koum, sot deen zu him: „Här, du wëlls mir d'Féiss wäschen?" ⁷ De Jesus huet him geäntwert: „Dat, wat ech maachen, begräifs du elo nach net, méi spéit awer verstees du et." ⁸ De Péitrus sot zu him: „Et kënnt guer net a Fro, datt s du mir jeemools d'Féiss wäschs!" De Jesus huet him geäntwert: „Wann ech dech net wäschen, dann hues du keen Undeel u mir." ⁹ Du sot de Simon Péitrus zu him: „Här, da wäsch mir net nëmmen d'Féiss, ma och d'Hänn an de Kapp!" ¹⁰ De Jesus sot zu him: „Wien sech gebuet huet, deen ass ganz reng, hie brauch just nach d'Féiss gewäsch ze kréien. Och dir sidd reng, awer net alleguer." ¹¹ Hie wousst nämlech, wien hien ausliwwere géif, dowéinst sot hien: „Dir sidd net alleguer reng."

[12] Nodeems hien hinnen d'Féiss gewäsch hat, huet hien seng iewescht Kleeder geholl an sech nees gesat. Du sot hien zu hinnen: „Verstitt dir, wat ech mat iech gemaach hunn? [13] Dir nennt mech Meeschter an Här, a mat Recht sot dir dat, well ech sinn et. [14] Wann elo ech, den Här an de Meeschter, iech d'Féiss gewäsch hunn, dann hutt och dir een deem aneren d'Féiss ze wäschen. [15] Ech hunn iech nämlech e Beispill ginn, fir datt dir et d'selwecht maacht, wéi ech et mat iech gemaach hunn. [16] Amen, amen, ech soen iech: Den Dénger ass net méi grouss wéi säin Här, an deen, dee geschéckt ass, ass net méi grouss wéi deen, deen hie geschéckt huet. [17] Glécklech sidd dir, wann dir dat wësst an iech duerno riicht!

[18] Ech schwätzen net vun iech alleguerten. Ech kennen déi, déi ech auserwielt hunn, awer [dat heite geschitt], fir datt d'Schréft erfëllt gëtt: *Deen, dee mäi Brout ësst, deen huet sech géint mech gestallt.*[a] [19] Ech soen iech et schonn elo, éier et geschitt, fir datt dir, wann et geschitt, gleeft, datt ‚Ech Sinn'. [20] Amen, amen, ech soen iech: Wien deen ophëlt, deen ech schécken, deen hëlt mech op, a wie mech ophëlt, deen hëlt deen op, dee mech geschéckt huet."

[21] Nodeems hien dat gesot hat, huet de Jesus eng grouss Onrou an sech gespiert an huet bezeit: „Amen, amen, ech soen iech: Ee vun iech liwwert mech aus."

[22] D'Jünger hunn een deen anere gekuckt a woussten net, vu wiem hie schwätze géif. [23] Ee vun de Jünger louch direkt nieft dem Jesus[b]; et war deen, mat deem de Jesus frou war. [24] De Simon Péitrus huet him en Zeeche gemaach, hie sollt froen, vu wiem de Jesus schwätze géif. [25] De Jünger huet sech du bei de Jesus gebéckt[c] an zu him gesot: „Här, wien ass et?" [26] De Jesus huet geäntwert: „Et ass deen, fir deen ech e Stéck Brout [an d'Schossel] zappen an deem ech et da ginn." Hien huet d'Brout [an d'Schossel] gezappt an dem Judas, dem Simon Iskarioth sengem Jong, et ginn. [27] Wéi de Judas d'Brout giess hat[d], ass de Satan an hie gefuer. Du sot de Jesus zu him: „Wat s du wëlles hues, maach et séier!" [28] Et huet kee vun deenen, déi bei Dësch waren, verstan, firwat de Jesus dat zum Judas gesot huet. [29] Well de Judas d'Keess hat, hunn der e puer gemengt, de Jesus hätt zu him gesot: „Kaf dat, wat mir fir d'Fest brauchen", oder hie sollt deenen Aarmen eppes ginn. [30] Nodeems de Judas d'Stéck Brout geholl hat, ass hien direkt erausgaang. Et war däischter Nuecht.

[31] Wéi de Judas erausgaang war, sot de Jesus: „Elo ass de Mënschejong verherrlecht, an den Herrgott ass an him verherrlecht. [32] Wann den Herrgott an him verherrlecht ass, da verherrlecht den Herrgott hien och an sech, an hie verherrlecht hie geschwënn. [33] Kanner, ech sinn nëmmen nach eng kuerz Zäit bei iech. [Wann ech net méi bei iech sinn,] da sicht dir mech, a wéi ech schonn de Judde gesot

hunn, esou soen ech elo och iech: Wuer ech higinn, duer kënnt dir net hikommen. [34] En neit Gebot ginn ech iech: Dir sollt een deen anere gär hunn! Esou wéi ech iech gär hunn, esou sollt och dir een deen anere gär hunn. [35] Dorun erkennt da jiddereen, datt dir meng Jünger sidd: wann dir een deen anere gär hutt."

[36] De Simon Péitrus sot zu him: „Här, wuer gees du hin?" De Jesus huet him geäntwert: „Wuer ech higinn, duer kanns du mir elo net nokommen. Du kënns mir awer méi spéit no." [37] De Péitrus huet him geäntwert: „Här, firwat kann ech dir elo net nokommen? Mäi Liewe wëll ech fir dech hierginn!" [38] De Jesus huet him geäntwert: „Däi Liewe wëlls du fir mech hierginn? Amen, amen, ech soen dir: Den Hunn kréit net, dees du hues mech dräimol verleegent!

---

[a] Ps 41,10. Wuertwiertlech: deen huet géint mech seng Fauscht gehuewen.

[b] Wuertwiertlech: louch am Jesus sengem Schouss.

[c] Wuertwiertlech: Deen huet sech du widder dem Jesus seng Broscht geluecht.

[d] Wuertwiertlech: No dem Stéck Brout.

14

[1] Äert Häerz soll net onroueg sinn! Gleeft un den Herrgott, a gleeft u mech! [2] A mengem Papp sengem Haus si vill Wunnechten. Wann dat net esou wär, hätt ech iech da gesot, datt ech iech eng Plaz virbereede ginn? [3] Wann ech higaang sinn an iech eng Plaz virbereet hunn, da kommen ech zréck an

huelen iech bei mech, fir datt och dir do sidd, wou ech sinn. 4 Dir kennt de Wee dohinner, wuer ech higinn."

5 Den Thomas sot zu him: „Här, mir wëssen net, wuer s du higees. Wéi solle mir dann de Wee dohinner kennen?" 6 De Jesus huet him geäntwert: „Ech sinn de Wee, d'Wourecht an d'Liewen. Et kënnt kee bei de Papp, 't sief dann duerch mech. 7 Wann dir mech erkenne géift, da géift dir och mäi Papp erkennen. Elo schonns kennt dir hien an dir hutt hie gesinn."

8 De Philippus sot zu him: „Här, weis äis de Papp, dat geet äis duer!" 9 De Jesus huet him geäntwert: „Esou laang scho sinn ech bei iech, an du hues mech net erkannt, Philippus? Wie mech gesinn huet, huet de Papp gesinn. Wéi kanns du soen: ‚Weis äis de Papp!'? 10 Gleefs du net, datt ech am Papp sinn an datt de Papp a mir ass? Déi Wierder, déi ech iech soen, soen ech net vu mir aus, ma de Papp, deen a mir bleift, mécht seng Wierker. 11 Gleeft mir, datt ech am Papp sinn an datt de Papp a mir ass! Wann net, da gleeft op d'mannst wéinst de Wierker!

12 Amen, amen, ech soen iech: Wien u mech gleeft, dee mécht selwer och déi Wierker, déi ech maachen, an hie mécht der esouguer, déi nach méi grouss sinn ewéi meng, well ech gi bei de Papp. 13 Wourëms dir och ëmmer a mengem Numm frot, dat maachen ech, fir datt de Papp am Jong ver-

herrlecht gëtt. [14] Wann dir mech a mengem Numm fir eppes frot, da maachen ech et.

[15] Wann dir mech gär hutt, haalt dir iech u meng Geboter. [16] Da froen ech de Papp, an hie gëtt iech en anere Bäistand, fir datt deen an all Éiwegkeet bei iech ass [17] – de Geescht vun der Wourecht, deen d'Welt net emfänke kann, well se en net gesäit an en net kennt. Dir kennt en, well e bleift bei iech an ass an iech. [18] Ech loossen iech net als Weesekanner zréck; ech kommen nees bei iech. [19] Nëmmen nach eng kuerz Zäit, da gesäit d'Welt mech net méi; dir awer gesitt mech, well ech liewen, a well och dir da lieft. [20] Deen Dag erkennt dir, datt ech a mengem Papp sinn, an datt dir a mir sidd an ech an iech. [21] Wie meng Geboter kritt huet an se hält, deen huet mech gär. Wien awer mech gär huet, mat deem ass dann och mäi Papp frou, an och ech hunn dee gär a weise mech him."

[22] De Judas – net den Iskarioth – sot zu him: „Här, wéi ass dat, datt s du dech äis weise wëlls, awer net der Welt?" [23] De Jesus huet him geäntwert: „Wann ee mech gär huet, hält hien sech u mäi Wuert. Dann huet mäi Papp hie gär, a mir komme bei hien an huelen eis Wunnecht bei him. [24] Wie mech net gär huet, deen hält sech och net u meng Wierder. Dat Wuert, dat dir héiert, ass awer net mäin eegent Wuert, ma dem Papp säint, dee mech geschéckt huet.

[25] Dëst hunn ech iech elo gesot, wou ech nach bei iech sinn. [26] De Bäistand awer, den hellege Geescht,

deen de Papp a mengem Numm schéckt, dee léiert
iech alles, an hien erénnert iech un alles, wat ech iech
gesot hunn.

27 Fridden hannerloossen ech iech, mäi Fridde
ginn ech iech. Net wéi d'Welt e gëtt, ginn ech iech
en. Äert Häerz soll net onroueg sinn, an et soll net
fäerten! 28 Dir hutt héieren, datt ech iech gesot hunn:
Ech gi fort, ma ech kommen zréck bei iech. Wann
dir mech gär hätt, da géift dir iech freeën, datt ech
bei de Papp ginn, well de Papp ass méi grouss ewéi
ech. 29 Ech hunn iech et elo gesot, éier et geschitt, fir
datt dir deen Ament, wou et geschitt, gleeft. 30 Ech
schwätzen net méi laang mat iech, well den Herr-
scher vun der Welt kënnt. Hie kënnt net u géint
mech, 31 ma et geschitt, fir datt d'Welt erkennt, datt
ech de Papp gär hunn an dat maachen, wat de Papp
mir virgeschriwwen huet. Stitt op, loosse mer vun
hei fortgoen!

15 ¹ Ech sinn dee wierklechen Drauwestack, a mäi
Papp ass de Wënzer. ² All Rief u mir, déi keng
Fruucht dréit, schneit hien of, an all Rief, déi
Fruucht dréit, botzt hien, fir datt se nach méi
Fruucht dréit. ³ Dir sidd elo schonns reng duerch dat
Wuert, dat ech iech gesot hunn. ⁴ Bleift a mir, da
bleiwen ech och an iech! Esou wéi d'Rief net vun
sech aus Fruucht droe kann, ma nëmmen, wann se

um Drauwestack bleift, esou kënnt och dir et nëmmen, wann dir a mir bleift. [5] Ech sinn den Drauwestack, an dir sidd d'Riewen. Wien a mir bleift an a wiem ech bleiwen, deen dréit vill Fruucht, ma ouni mech kënnt dir näischt maachen. [6] Wann een net a mir bleift, da gëtt hie wéi d'Rief erausgehäit, an hie verdiert. Déi Riewe ginn zesummegeraaft, an d'Feier gehäit a verbrannt. [7] Wann dir a mir bleift a wa meng Wierder an iech bleiwen, da frot dat, wat dir wëllt, an et geschitt fir iech. [8] Mäi Papp gëtt doduerch verherrlecht, datt dir vill Fruucht drot a meng Jünger gitt.

[9] Esou wéi de Papp mech gär huet, esou hunn och ech iech gär. Bleift a menger Léift! [10] Wann dir iech u meng Geboter haalt, da bleift dir a menger Léift, esou wéi ech mech u mengem Papp seng Geboter halen an an senger Léift bleiwen. [11] Dëst hunn ech iech gesot, fir datt meng Freed an iech ass, a fir datt är Freed vollkommen ass. [12] Dat hei ass mäi Gebot: Dir sollt een deen anere gär hunn, esou wéi ech iech gär hunn! [13] Et huet kee méi eng grouss Léift wéi deen, deen säi Liewen hiergëtt fir seng Frënn. [14] Dir sidd meng Frënn, wann dir dat maacht, wat ech iech gebidden. [15] Ech nennen iech net méi Kniecht, well de Kniecht weess net, wat säin Här mécht. Ech nennen iech Frënn, well ech hunn iech alles matgedeelt, wat ech vu mengem Papp héieren hunn. [16] Net dir hutt mech auserwielt, ma ech hunn iech auserwielt an derzou bestëmmt, datt dir higitt a Fruucht drot, an datt är Fruucht bleift, fir datt de

Papp iech dat gëtt, wourëms dir hien a mengem Numm frot. [17] Dat hei gebidden ech iech: Dir sollt een deen anere gär hunn!

[18] Wann d'Welt iech haasst, dann denkt drun, datt se mech schonn éischter gehaasst huet wéi iech. [19] Wann dir zur Welt gehéiere géift, dann hätt d'Welt iech gär, well dir en Deel vun hir wäert. Well dir awer net zur Welt gehéiert, ma well ech iech aus dëser Welt eraus erwielt hunn, dofir haasst d'Welt iech. [20] Erënnert iech un dat, wat ech iech gesot hunn: De Kniecht ass net méi grouss wéi säin Här. Wann si mech verfollegt hunn, da verfollegen si och iech. Wann si sech u mäi Wuert halen, dann halen si sech och un äert. [21] Ma dat alles doen si iech u wéinst mengem Numm, well si deen net kennen, dee mech geschéckt huet. [22] Wann ech net komm wär a wann ech net mat hinne geschwat hätt, dann hätten si keng Sënd. Elo awer hunn si keng Entschëllegung fir hir Sënd. [23] Een, dee mech haasst, haasst och mäi Papp. [24] Wann ech net bei hinnen zou déi Wierker gemaach hätt, déi keen anere gemaach huet, dann hätten si keng Sënd. Elo awer hunn si d'Wierker gesinn, an trotzdem haassen si souwuel mech wéi och mäi Papp. [25] Ma dat ass esou, fir datt dat Wuert, dat an hirem Gesetz geschriwwen ass, erfëllt gëtt: *Ouni Uersaach hunn si mech gehaasst.*[a]

[26] Wann de Bäistand bis komm ass, deen ech iech vum Papp hier schécken – de Geescht vun der Wourecht, dee vum Papp ausgeet –, da gëtt hien Zeegnes

vu mir, 27 an och dir gitt Zeegnes, well dir vun Ufank
u bei mir sidd.

---

a Ps 35,19; 69,5; Ps Sal 7,1.

16 1 Dëst hunn ech iech gesot, fir datt dir iech net
dorunner stousst. 2 Dir gitt aus der Synagog ver-
bannt, an et kënnt esouguer d'Stonn, wou jiddereen,
deen iech doutmécht, mengt, dem Herrgott en
Déngscht ze leeschten. 3 Dat maachen si, well si we-
der de Papp nach mech kennen. 4 Ech awer hunn
iech dëst gesot, fir datt dir iech, wann hir Stonn
kënnt, drun erënnert, datt ech iech et gesot hunn.
Ech hunn iech et net vun Ufank u gesot, well ech jo
bei iech war.

5 Ma elo ginn ech fort bei deen, dee mech ge-
schéckt huet, a kee vun iech freet mech: ‚Wuer gees
du hin?‘ 6 Well ech iech dat gesot hunn, ass äert
Häerz voller Trauer. 7 Awer ech soen iech d'Wou-
recht: Et ass gutt fir iech, datt ech fortginn. Wann
ech nämlech net fortginn, kann de Bäistand och net
bei iech kommen. Wann ech awer ginn, da schécken
ech iech en. 8 Wann hien da kënnt, iwwerféiert hien
d'Welt [a weist], wat Sënd, wat Gerechtegkeet a wat
Geriicht ass: 9 Sënd ass, datt si net u mech gleewen;
10 Gerechtegkeet ass, datt ech bei de Papp ginn an
datt dir mech net méi gesitt; 11 Geriicht ass, datt den
Herrscher vun dëser Welt geriicht ass.

[12] Et gëtt nach villes, wat ech iech ze soen hätt, ma dir kënnt et elo net erdroen. [13] Wann awer de Geescht vun der Wourecht bis komm ass, da féiert deen iech an déi ganz Wourecht an. Hie schwätzt dann nämlech net vun sech aus, ma all dat, wat hien héiert, seet hien, an dat, wat kënnt, verkënnegt hien iech. [14] Hie verherrlecht mech, well hie kritt en Deel vun deem, wat mäint ass, a verkënnegt iech et. [15] Alles, wat de Papp huet, ass mäint; dowéinst hunn ech gesot, datt hien en Deel dervun hëlt an iech et verkënnegt.

[16] Nach eng kuerz Zäit, da gesitt dir mech net méi, an dann nach eng weider kuerz Zäit, da gesitt dir mech nees." [17] Dunn hunn der e puer vun de Jünger zuenee gesot: „Wat heescht dat, wann hien äis seet: ‚Nach eng kuerz Zäit, da gesitt dir mech net méi, an dann nach eng weider kuerz Zäit, da gesitt dir mech nees', an: ‚Ech gi bei de Papp'?" [18] An si soten: „Wat heescht dat, [wann hien seet], nach eng kuerz Zäit? Mir wëssen net, wouvunner hie schwätzt."

[19] De Jesus huet an Uecht gehol, datt si hie froe wollten, an hie sot zu hinnen: „Dir schwätzt ënnereneen doriwwer, datt ech gesot hunn: ‚Nach eng kuerz Zäit, da gesitt dir mech net méi, an dann nach eng weider kuerz Zäit, da gesitt dir mech nees'? [20] Amen, amen, ech soen iech: Dir kräischt dann a jéimert, d'Welt awer, déi freet sech. Dir sidd traureg, ma är Trauer, déi verwandelt sech dann a Freed. [21] Eng Fra, déi e Kand kritt, ass traureg, well hir

Stonn komm ass. Wann d'Kand awer bis op der Welt ass, dann denkt si net méi un hire Wéi, well si frou ass, datt e klenge Mënsch op d'Welt komm ass. [22] Gradesou sidd och dir elo traureg, ma ech gesinn iech erëm, an dann ass äert Häerz frou, an déi Freed hëlt keen iech méi ewech.

[23] Deen Dag, da frot dir mech näischt méi. Amen, amen, ech soen iech: Wourëm s dir och ëmmer de Papp a mengem Numm frot, dat gëtt hien iech. [24] Bis elo hutt dir nach näischt a mengem Numm gefrot. Frot, da kritt dir, fir datt är Freed vollkommen ass.

[25] Dëst hunn ech iech elo op eng verschlësselt Manéier gesot. Et kënnt awer eng Stonn, wou ech net méi op eng verschlësselt Manéier mat iech schwätzen, ma wou ech iech de Papp ganz oppe verkënnegen. [26] Deen Dag frot dir a mengem Numm, ma ech soen iech net, datt ech de Papp fir iech bieden. [27] De Papp huet iech gär, well dir mech gär hat a gegleeft hutt, datt ech aus dem Herrgott ervirgaang sinn. [28] Ech sinn aus dem Papp ervirgaang an an d'Welt komm. Elo verloossen ech d'Welt nees a gi bei de Papp."

[29] Dunn hunn d'Jünger zu him gesot: „Kuck, elo schwätz du oppen an net méi verschlësselt. [30] Elo wësse mir, datt s du alles weess an et net néideg hues, datt een dech freet. Dowéinst gleewe mir, datt s du aus dem Herrgott ervirgaang bass." [31] De Jesus huet hinne geäntwert: „Elo gleeft dir? [32] Kuckt, d'Stonn kënnt, an se ass elo schonn do, an där dir

doruechter verspreet gitt, jiddereen heem bei sech, a mech loosst dir eleng. Ma ech sinn net eleng, de Papp ass nämlech bei mir. [33] Dëst hunn ech iech gesot, fir datt dir a mir Fridden hutt. An der Welt hutt dir vill Misär a Leed. Ma hieft Kuraasch: Ech sinn d'Welt Meeschter ginn!"

17 [1] Wéi de Jesus dat hei gesot hat, huet hien an den Himmel opgekuckt. Du sot hien: „Papp, d'Stonn ass do. Verherrlech däi Jong, fir datt de Jong dech verherrlecht. [2] Well du hues him jo Muecht ginn iwwer all déi, déi aus Fleesch sinn, fir datt hien hinnen alles gëtt, wat s du him ginn hues: éiwegt Liewen. [3] Dat hei awer ass d'éiwegt Liewen: datt si dech, deen Eenzegen, dee wierklech Gott ass, kennen, an dee- jéinegen, deen s du geschéckt hues – Jesus Christus. [4] Ech hunn dech op dëser Äerd verherrlecht, an- deems ech dat Wierk op en Enn bruecht hunn, dat s du mir ze maache ginn has. [5] Verherrlech du mech elo bei dir, Papp, mat där Herrlechkeet, déi ech bei dir hat, nach éier d'Welt bestan huet!

[6] Ech hunn deene Mënschen, déi s du mir aus der Welt ginn hues, däin Numm bekannt gemaach. Dir hunn si gehéiert, a mir hues du si ginn, an si hunn sech un däi Wuert gehal. [7] Elo hunn si erkannt, datt alles, wat s du mir ginn hues, vun dir kënnt. [8] Déi Wierder, déi s du mir ginn hues, hunn ech hinne

ginn. Si hunn se ugeholl, an si hu wierklech erkannt, datt ech vun dir komm sinn, an si hu gegleeft, datt s du mech geschéckt hues.

[9] Ech froe fir si. Ech froen net fir d'Welt, ma fir déi, déi s du mir ginn hues, well si gehéieren dir, [10] an alles, wat mäint ass, ass och däint, a wat däint ass, ass och mäint. Ech sinn an hinne verherrlecht. [11] Ech sinn net méi an der Welt, si awer sinn an der Welt, an ech komme bei dech. Hellege Papp, behitt du si an dengem Numm, deen s du mir ginn hues, fir datt si eent sinn ewéi mir! [12] Wéi ech bei hinne war, hunn ech si behitt an dengem Numm, deen s du mir ginn hues. Ech hunn uechtgedoen, a kee vun hinnen ass verluer gaang, nëmme just deen, dee vun Ufank u verluer war – fir datt d'Schrëft erfëllt géif ginn. [13] Elo awer kommen ech bei dech. Dat hei soen ech nach an der Welt, fir datt si meng vollkomme Freed an sech hunn. [14] Ech hunn hinnen däi Wuert ginn, an d'Welt haasst si, well si net vun der Welt sinn, esou wéi och ech net vun der Welt sinn. [15] Ech froen net, datt s du si aus der Welt eraushëls, ma datt s du si virum Béise behitts. [16] Si sinn net vun der Welt, esou wéi och ech net vun der Welt sinn. [17] Maach si helleg an der Wourecht – däi Wuert ass Wourecht! [18] Esou wéi s du mech an d'Welt geschéckt hues, esou hunn och ech si an d'Welt geschéckt, [19] a fir si maachen ech mech selwer helleg, fir datt och si helleg ge-maach ginn an der Wourecht.

[20] Net fir si eleng froen ech, ma och fir déijéineg, déi duerch hiert Wuert u mech gleewen: [21] datt si alleguer eent sinn, esou wéi s du, Papp, a mir an ech an dir; datt och si an äis sinn, fir datt d'Welt gleeft, datt s du mech geschéckt hues. [22] Déi Herrlechkeet, déi s du mir ginn hues, hunn ech hinne ginn, fir datt si eent sinn, esou wéi mir eent sinn, [23] ech an hinnen an du a mir; fir datt si vollkommen eent sinn, fir datt d'Welt erkennt, datt s du mech geschéckt hues an datt s du si gär hues, esou wéi s du mech gär hues.

[24] Papp, ech wëll, datt do, wou ech sinn, och déijéineg, déi s du mir ginn hues, bei mir sinn, fir datt si meng Herrlechkeet gesinn, déi ech vun dir kritt hunn, well s du mech scho gär has, nach éier d'Welt geschafe gouf. [25] Gerechte Papp, d'Welt huet dech net erkannt, ma ech hunn dech erkannt, an si hunn erkannt, datt s du mech geschéckt hues. [26] Ech hunn hinnen däin Numm bekannt gemaach, an ech maachen e weiderhi bekannt, fir datt déi Léift, déi s du fir mech hues, an hinnen ass, a fir datt och ech an hinne sinn."

18 [1] Nodeems de Jesus dat gesot hat, ass hie mat senge Jünger op déi aner Säit vun der Baach Kedron gaang; do war e Gaart, an deen hie mat de Jünger eragoung.

[2] Och de Judas, deen hien ausliwwere sollt, huet déi Plaz kannt, well de Jesus dacks mat senge Jünger

dohi gaang ass. [3] De Judas hat d'Kohort matkritt an eng Rei vun den Hohepriister an de Pharisäer hiren Dénger. Hien huet si elo mat hire Fakelen, Lanteren a Waffen dohi gefouert. [4] De Jesus, dee wousst, wat alles op hien duerkéim, ass erausgaang a sot zu hinnen: „Wie sicht dir?" [5] Si hunn him geäntwert: „De Jesus, den Nazoräer." Hie sot zu hinnen: „Ech sinn et." Och de Judas, deen hien ausliwwere sollt, stoung bei hinnen. [6] Wéi elo de Jesus zu hinne sot: „Ech sinn et", du sinn si hannerécks gaang an op de Buedem gefall. [7] Op en Neis huet hien si gefrot: „Wie sicht dir?" Si hu geäntwert: „De Jesus, den Nazoräer." [8] De Jesus sot: „Ech hunn iech dach gesot, datt ech et sinn. Wann dir mech also sicht, da loosst déi hei fortgoen!" [9] — Esou sollt sech d'Wuert erfëllen, dat hie gesot hat: ,Vun deenen, déi s du mir ginn hues, hunn ech och net een Eenzege verluer.' — [10] Elo hat de Simon Péitrus awer e Schwäert bei sech. Hien huet et erausgezunn, ass dermat op dem Hohe- priister säi Kniecht lassgaang an huet him dee rietsen Ouerläppchen erofgeha. Dee Kniecht huet Malchus geheescht. [11] Du sot de Jesus zum Péitrus: „Stiech däi Schwäert hannescht an d'Scheek! Soll ech dann éiren de Kellech, deen de Papp mir ginn huet, net drénken?!"

[12] D'Kohort, hire Kommandant an de Judden hir Dénger hunn de Jesus geholl a gefesselt. [13] Si hunn hie fir d'éischt bei den Hannas gefouert — dee war nämlech dem Kaiphas säi Schwéierpapp, dee senger-

säits dat Joer Hohepriister war. [14] Et war och de Kaiphas gewiescht, deen de Judden de Rot ginn hat, et wär besser, een eenzege Mënsch géif fir d'Vollek stierwen.

[15] De Simon Péitrus an nach en anere Jünger sinn dem Jesus nogaang. Dëse Jünger war e Bekannte vum Hohepriister an ass duerfir mat dem Jesus am Hohepriister säin Haff eragaang. [16] De Péitrus awer stoung dobausse virun der Dier. Dunn ass deen anere Jünger, deen e Bekannte vum Hohepriister war, erauskomm. Hien huet mat der Fra geschwat, déi bei der Dier gewaacht huet, an huet de Péitrus eragefouert. [17] Du sot d'Mod, déi bei der Dier gewaacht huet, zum Péitrus: „Bass du net och ee vun deem dote Mënsch senge Jünger?" Hie sot: „Ech dach net!" [18] D'Kniecht an d'Dénger, déi wéinst der Keelt e Kuelefeier gemaach haten, stoungen do an hunn sech gewiermt. Och de Péitrus stoung bei hinnen an huet sech gewiermt.

[19] Den Hohepriister awer huet de Jesus iwwer seng Jünger an iwwer seng Léier ausgefrot. [20] De Jesus huet him geäntwert: „Ech hu mech ëffentlech un d'Welt geriicht, ech hunn d'Leit ëmmer an der Synagog geléiert an och am Tempel, do, wou d'Judden all zesummekommen. Ech hunn ni eppes heemlech gesot. [21] Firwat frees du mech? Fro déijéineg, déi héieren hunn, wat ech hinne sot. Kuck, si wëssen, wat ech gesot hunn." [22] Wéi de Jesus dat sot, huet ee vun den Dénger, deen derbäistoung, him eng op de Bak

ginn a sot: „Äntwers du esou dem Hohepriister?"
23 De Jesus huet him geäntwert: „Wann dat, wat ech
gesot hunn, falsch war, da beweis mir, wat falsch do-
runner war. Wann et awer richteg war, firwat schléis
du mech dann?" 24 Dueropshin huet den Hannas hie
gefesselt bei den Hohepriister Kaiphas féiere ge-
looss.

25 De Simon Péitrus stoung nach ëmmer do sech
ze wiermen. Du soten si zu him: „Bass du net och ee
vun deem dote senge Jünger?" Hien huet et geleegent
a sot: „Ech dach net!" 26 Du sot ee vun dem Hohe-
priister senge Kniecht, dee Famill mat deemjéinege
war, deem de Péitrus d'Ouer erofgeha hat: „Ma hunn
ech dech dann net mat him am Gaart gesinn?" 27 Op
en Neis huet de Péitrus et geleegent, a gläich drop
huet en Hunn gekréit.

28 Si hunn de Jesus vum Kaiphas erfort an de Prä-
torium gefouert. Et war fréi am Muergen. Si selwer
sinn net an de Prätorium eragaang, fir net onreng ze
ginn a fir d'Pessach iessen ze kënnen.

29 Duerfir ass de Pilatus bei si erauskomm an huet
gefrot: „Wéinst wat klot dir dëse Mënsch un?" 30 Si
hunn him geäntwert: „Wann hien näisch Schlechtes
gemaach hätt, dann hätte mir hien net un dech aus-
geliwwert." 31 Du sot de Pilatus zu hinnen: „Huelt
dir hien an haalt dir Geriicht iwwer hien, esou wéi
äert Gesetz et virgesäit!" D'Judden hunn him ge-
äntwert: „Äis ass et net erlaabt, een hinzeriichten."
32 Esou sollt sech dem Jesus säi Wuert erfëllen, mat

deem hien ugedeit hat, wat fir en Doud hie stierwe misst.

33 Dunn ass de Pilatus nees an de Prätorium eragaang, huet de Jesus geruff an huet hie gefrot: „Bass du de Kinnek vun de Judden?" 34 De Jesus huet geäntwert: „Sees du dat vun dir aus oder hunn anerer dir dat iwwer mech gesot?" 35 De Pilatus sot: „Sinn ech dann éiren e Judd? Däi Vollek an d'Hohepriister hunn dech u mech ausgeliwwert. Wat hues du gemaach?" 36 De Jesus huet geäntwert: „Mäi Kinnekräich ass net vun dëser Welt. Wa mäi Kinnekräich vun dëser Welt wär, da géife meng Dénger kämpfen, fir datt ech net un d'Judden ausgeliwwert géif. Mäi Kinnekräich ass nun awer net vun hei." 37 Du sot de Pilatus zu him: „Also bass du dach e Kinnek?" De Jesus huet geäntwert: „Du sees et, datt ech e Kinnek sinn. Duerfir sinn ech gebuer, duerfir sinn ech an d'Welt komm, datt ech Zeegnes fir d'Wourecht ginn. Jiddereen, deen aus der Wourecht ass, lauschtert op meng Stëmm." 38 Du sot de Pilatus zu him: „Wat ass Wourecht?"

Nodeems hien dat gesot hat, ass hien nees bei d'Judden erausgaang a sot zu hinnen: „Ech fir mäin Deel fanne keng Schold bei him. 39 Et ass jo bei iech de Brauch, datt ech iech fir d'Pessach-Fest ee fräiloossen. Wëllt dir also, datt ech iech de Kinnek vun de Judde fräiloossen?" 40 Dunn hunn si erëm gejaut: „Net deen, ma de Barabbas!" De Barabbas awer war e Raiber.

19

¹ Dueropshin huet de Pilatus de Jesus geholl an hie gäissele gelooss. ² D'Zaldoten hunn aus Dären eng Kroun gebonnen, déi si him op de Kapp gesat hunn, an si hunn him e purpurroude Mantel iwwer d'Schëllere geluecht. ³ Si si bei hie komm a soten: „Vive de Kinnek vun de Judden!", an si hunn him der op de Bak ginn. ⁴ Duerno goung de Pilatus nees eraus a sot zu hinnen: „Kuckt, ech loossen iech hien erausbréngen; dir sollt wëssen, datt ech keng Schold bei him fannen!" ⁵ Dunn ass de Jesus erauskomm; hien hat d'Därekroun op an de purpurroude Mantel un. De Pilatus sot zu hinnen: „Kuckt, de Mënsch!"

⁶ Wéi dunn d'Hohepriister an hir Dénger de Jesus gesinn hunn, hunn si gejaut: „Un d'Kräiz mat him, un d'Kräiz mat him!" De Pilatus sot zu hinnen: „Huelt dir hien a kräizegt hien, well ech fir mäin Deel fanne keng Schold bei him!" ⁷ D'Judden hunn him geäntwert: „Mir hunn e Gesetz, an deem Gesetz no muss hie stierwen, well hien huet sech selwer zum Herrgott sengem Jong gemaach." ⁸ Wéi de Pilatus dat héieren huet, huet hien nach méi gefaart. ⁹ Hien ass hannescht an de Prätorium gaang a sot zum Jesus: „Vu wou bass du?" Ma de Jesus huet him keng Äntwert ginn. ¹⁰ Du sot de Pilatus zu him: „Brauchs du mir net z'äntweren? Weess du dann net, datt ech Muecht hunn, dech fräizeloossen, an datt ech Muecht hunn, dech ze kräizegen?" ¹¹ De Jesus huet him geäntwert: „Du häss keng Muecht iwwer mech, wann se dir net vun uewe gi wär! Duerfir huet och deen,

dee mech un dech ausgeliwwert huet, déi méi grouss Sënd." [12] Dueropshin huet de Pilatus gesicht, hie fräizeloossen. D'Judden awer hu gejaut: „Wann s du deen dote fräiléiss, da bass du kee Frënd vum Keeser, well jiddereen, deen sech selwer zum Kinnek mécht, geet géint de Keeser." [13] Wéi elo de Pilatus dat héieren huet, huet hien de Jesus erausféiere gelooss, an hien huet sech op de Rüchterstull gesat, op déi Plaz, déi Lithostrotos genannt gëtt, op Hebräesch Gabbatha. [14] Et war de Virbereedungsdag op d'Pessach-Fest, an et war ëm déi sechst Stonn. Hie sot zu de Judden: „Kuckt, äre Kinnek!" [15] Dunn hunn si gejaut: „Fort, fort mat him! Looss hie kräizegen!" De Pilatus sot zu hinnen: „Äre Kinnek soll ech kräizege loossen?" D'Hoheprüster hu geäntwert: „Mir hu soss kee Kinnek wéi de Keeser." [16] Dueropshin huet de Pilatus hinnen de Jesus ausgeliwwert, fir datt hie gekräizegt géif.

Dunn hunn d'Zaldoten de Jesus matgeholl. [17] Hien huet selwer säi Kräiz gedroen an ass erausgaang op déi Plaz, déi Doudekapp genannt gëtt – op Hebräesch heescht se Golgotha. [18] Do hunn si hie gekräizegt, a mat him zwéin anerer, een op där enger an een op där anerer Säit, an der Mëtt de Jesus. [19] De Pilatus huet och eng Schrëft maachen an se un d'Kräiz ophänke gelooss; do stoung geschriwwen: De Jesus, den Nazoräer, de Kinnek vun de Judden. [20] Vill vun de Judden hunn dës Schrëft gelies, well déi Plaz, wou de Jesus gekräizegt gi war, louch no bei der Stad. Se

war op Hebräesch, op Latäin an op Griichesch ge-
schriwwen. [21] Du soten de Judden hir Hohepriister
zum Pilatus: „Schreif net: ‚De Kinnek vun de
Judden‘, ma schreif: ‚Hien huet gesot: Ech sinn de
Kinnek vun de Judden.‘ " [22] De Pilatus huet geänt-
wert: „Wat ech geschriwwen hunn, dat hunn ech
geschriwwen."

[23] Wéi elo d'Zaldoten de Jesus gekräizegt haten,
hunn si seng iewescht Kleeder geholl a véier Deeler
draus gemaach, fir all Zaldot een, an och säin
ënnescht Kleed. Dat ënnescht Kleed hat keng Nout,
et war vun uewe bis ënnen an engem Stéck gewieft.
[24] Du soten si een zu deem aneren: „Loosse mer et
net a Stécker rappen, ma loosse mer drëm lousen,
wiem säint et si soll." Dëst ass geschitt, fir datt
d'Schréft erfëllt gouf [an där et heescht]: *Si hu meng
Kleeder ënner sech opgedeelt, a fir mäi Gezei hunn si d'Lous
gezunn.*[a] Genee dat hunn d'Zaldote gemaach.

[25] Beim Jesus sengem Kräiz stoungen seng Mamm
an senger Mamm hir Schwëster, d'Maria, dem Klo-
pas seng Fra, an d'Maria vu Magdala. [26] Wéi de Jesus
seng Mamm gesinn huet a bei hir de Jünger, mat
deem hie frou war, sot hien zu senger Mamm: „Fra,
kuck, däi Jong!" [27] Du sot hien zum Jünger: „Kuck,
deng Mamm!" A vun där Stonn un huet de Jünger si
bei sech geholl.

[28] De Jesus, dee wousst, datt schonn alles erfëllt
war, sot dueropshin, fir datt d'Schréft an Erfëllung
goe géif: „Ech sinn duuschtereg." [29] Et stoung e

Krou voller Essegwaasser do. Si hunn e Schwamp voll däers Essegwaasser op en Ysopstaf gestach an him e bei de Mond gehal. [30] Nodeems de Jesus vun deem Essegwaasser gedronk hat, sot hien: „Et ass alles erfëllt." Hien huet säi Kapp hänke gelooss an de Geescht ausgehaucht.

[31] Well et de Virbereedungsdag [op d'Pessach-Fest] war a fir datt d'Läichen net um Sabbat um Kräiz hänke bléiwen — et war nämlech en apaart feierleche Sabbat —, hunn d'Judden de Pilatus gefrot, fir deene Gekräizegten d'Bee briechen ze loossen an hir Läichen dann erofzehuelen. [32] Du sinn d'Zaldoten higaang an hunn deem Éischten seng Bee gebrach an och deem aneren seng, dee mat him gekräizegt gi war. [33] Wéi si bei de Jesus koumen a gesinn hunn, datt hie schonn dout war, hunn si him d'Been net gebrach, [34] ma ee vun den Zaldoten huet hie mat senger Lanz an d'Säit gestach, an et koum gläich Blutt a Waasser erausgelaf. [35] Deen, deen et gesinn huet, bezeit et, an säin Zeegnes ass wouer, an hie weess, datt hien d'Wourecht seet, fir datt och dir gleeft. [36] Dat hei ass geschitt, fir datt d'Schrëft erfëllt gouf: *Et soll keng vun senge Schanken duerchgeschloe ginn.*[b] [37] An nach en aneren Text an der Schrëft seet: *Si kucken op deen, deen si duerchbuert hunn.*[c]

[38] No all deem huet de Jouseph vun Arimathäa, deen aus Angscht virun de Judden nëmmen heemlech e Jünger vum Jesus war, de Pilatus gefrot, ob hien dem Jesus seng Läich erofhuelen däerft, an de

Pilatus huet et erlaabt. Dunn ass de Jouseph higaang an huet d'Läich erofgeholl. [39] Och den Nikodemus, deen eng Kéier nuets bei de Jesus komm war, ass elo dohi komm an huet e Gemësch aus Myrrhe an Aloe matbruecht, eng 100 réimesch Pond[d]. [40] Si hunn dem Jesus seng Läich geholl an hunn se, zesumme mat de Gewierzer, a léngen Dicher agewéckelt, esou wéi et bei de Judden de Brauch ass, fir een ze begruewen. [41] Bei där Plaz, wou de Jesus gekräizegt gi war, war e Gaart, an an deem Gaart war en neit Graf, an dat nach kee geluecht gi war. [42] Well et de Judden hire Virbereedungsdag [op d'Pessach-Fest] war a well d'Graf nobäi war, hunn si de Jesus drageluecht.

---

[a] Ps 22,19.
[b] Ex 12,10.46 LXX; Ps 34,21.
[c] Zach 12,10.
[d] 1 réimescht Pond (Litra) sinn 327,45 Gramm.

20 [1] Den éischten Dag vun der Woch ass d'Maria vu Magdala an aller Fréi, wéi et nach däischter war, bei d'Graf komm an huet gesinn, datt de Stee vum Graf ewechgeholl gi war. [2] Dunn ass si bei de Simon Péitrus gelaf a bei deen anere Jünger, mat deem de Jesus frou war, an si sot zu hinnen: „Et hunn der den Här aus dem Graf ewechgeholl, a mir wëssen net, wuer si hien higeluecht hunn!" [3] Dueropshi sinn de Péitrus an deen anere Jünger erausgaang a bei

d'Graf komm. [4] Déi béid si mateneen dohi gelaf, ma deen anere Jünger ass méi séier gelaf wéi de Péitrus an ass als Éischte bei d'Graf komm. [5] Wéi hien sech eragebéckt huet, huet hien d'léngen Dicher do leie gesinn; hien ass awer net eragaang. [6] Du koum och de Simon Péitrus, deen him nokomm war, a goung an d'Graf eran. Hien huet d'léngen Dicher do leie gesinn [7] an d'Schweessduch, dat op dem Jesus sengem Kapp geleeën hat. Et louch awer net bei de léngen Dicher, ma zesummegerullt op enger anerer Plaz. [8] Elo ass och deen anere Jünger, deen als Éischte bei d'Graf komm war, eragaang; hien huet gesinn an huet gegleeft. [9] Si haten nämlech d'Schréft nach net verstan, no där de Jesus huet misse vun den Doudegen operstoen. [10] Du sinn d'Jünger nees heemgaang.

[11] D'Maria awer stoung dobausse virum Graf an huet gekrasch. Iwwerdeems si gekrasch huet, huet si sech an d'Graf eragebéckt [12] an huet zwéin Engelen a wäisse Kleeder do sëtze gesinn, ee beim Kapp an ee bei de Féiss, do wou dem Jesus seng Läich geleeën hat. [13] D'Engelen hunn si gefrot: „Fra, firwat kräischs du?" Si huet hinne geäntwert: „Et hunn der main Här ewechgeholl, an ech weess net, wuer si hien higeluecht hunn!" [14] Nodeems si dat gesot hat, huet si sech ëmgedréit an huet de Jesus do stoe gesinn; si wousst awer net, datt et de Jesus war. [15] De Jesus huet si gefrot: „Fra, firwat kräischs du? Wie sichs du?" Si huet ugeholl, hie wär de Gäertner, a sot zu him: „Här, wann s du hie fortgedroen hues, da so

mir, wuer s du hien higeluecht hues, fir datt ech hie siche goe kann!" [16] De Jesus sot zu hir: „Maria!" Si huet sech ëmgedréit a sot zu him op Hebräesch: „Rabbuni!", dat heescht iwwersat: „Meeschter!" [17] De Jesus sot zu hir: „Hal mech net un! Ech sinn nämlech nach net eropgaang bei de Papp. Géi bei meng Bridder a so hinnen: Ech ginn erop bei mäi Papp an äre Papp, bei mäi Gott an äre Gott!" [18] Dunn ass d'Maria vu Magdala higaang an huet de Jünger verkënnegt: „Ech hunn den Här gesinn!" An si huet erzielt, wat hien hir gesot hat.

[19] Deeselwechten Dag owes – et war deen éischten Dag vun der Woch –, wéi d'Jünger sech aus Angscht virun de Judden hanner zouenen Dieren opgehal hunn, ass de Jesus komm an huet sech an hir Mëtt gestallt. Hie sot zu hinnen: „Fridde sief mat iech!" [20] Nodeems hien dat gesot hat, huet hien hinnen seng Hänn an seng Säit gewisen. D'Jünger hunn sech gefreet, wéi si den Här gesinn hunn. [21] Du sot de Jesus nach eng Kéier zu hinnen: „Fridde sief mat iech! Wéi de Papp mech geschéckt huet, esou schécken ech iech." [22] Nodeems hien dat gesot hat, huet hien si ugehaucht a sot zu hinnen: „Ëmfänkt hellege Geescht! [23] Wiem dir d'Sënnen noloosst, deem sinn se nogeloost; wiem dir se net noloosst, deem sinn se net nogeloost."

[24] Den Thomas, ee vun deenen Zwielef, deen Zwilling genannt gouf, war net bei hinnen, wéi de Jesus komm ass. [25] Déi aner Jünger soten zu him:

„Mir hunn den Här gesinn!" Hien awer sot zu
hinnen: „Wann ech net un sengen Hänn d'Wonn
vun den Neel gesinn, a wann ech net mäi Fanger an
d'Wonn vun den Neel leeë kann, a wann ech net
meng Hand an seng Säit leeë kann, da gleewen ech
net!" 26 Aacht Deeg drop waren d'Jünger nees do-
bannen zesummen, an den Thomas war bei hinnen.
Obschonns d'Dieren zougespaart waren, ass de Jesus
komm, huet sech an hir Mëtt gestallt a sot: „Fridde
sief mat iech!" 27 Du sot hien zum Thomas: „Komm
hier mat dengem Fanger, kuck meng Hänn; komm
hier mat denger Hand, lee se a meng Säit – a sief net
méi ongleeweg, ma gleeweg!" 28 Den Thomas huet
him geäntwert: „Mäin Här a mäi Gott!" 29 De Jesus
sot zu him: „Well s du mech gesinn hues, gleefs du.
Glécklech déi, déi net gesinn an dach gleewen!"

30 Nach vill aner Zeechen, déi net an dësem Buch
opgeschriwwe sinn, huet de Jesus bei senge Jünger
zou gemaach. 31 Déi hei awer sinn opgeschriwwen,
fir datt dir gleeft, datt de Jesus de Christus ass, dem
Herrgott säi Jong, a fir datt dir, wann dir gleeft,
d'Liewen hutt an sengem Numm.

21 1 Duerno huet de Jesus sech de Jünger beim
Séi vun Tiberias op en Neis gewisen, an zwar huet
hien sech esou gewisen: 2 De Simon Péitrus, den
Thomas, deen Zwilling genannt gouf, den Nathanael
vu Kana a Galiläa, dem Zebedäus seng Jongen an

nach zwéin anerer vum Jesus senge Jünger ware beieneen. ³ De Simon Péitrus sot zu hinnen: „Ech gi fëschen." Du soten si zu him: „Mir komme mat dir." Si sinn erausgaang a sinn an den Naache geklomm. Ma an där Nuecht hunn si näischt gefaang. ⁴ Wéi et du scho Muerge ginn ass, stoung de Jesus um Uwänner [vum Séi]; d'Jünger woussten awer net, datt et de Jesus war. ⁵ Du sot de Jesus zu hinnen: „Kanner, hutt dir näischt fir z'iessen?" Si hunn him geäntwert: „Neen." ⁶ Hie sot zu hinnen: „Geheit d'Netz op där rietser Säit vum Naachen aus, da fänkt dir eppes!" Dueropshin hunn si d'Netz ausgehäit, an si hunn et net méi gepackt, fir et eranzezéien, esou vill Fësch waren dran. ⁷ Du sot dee Jünger, mat deem de Jesus frou war, zum Péitrus: „Et ass den Här!" Wéi de Simon Péitrus héieren huet, datt et den Här war, huet hien sech d'Hiem ëmgebonnen – hie war nämlech plakeg – an huet sech an de Séi gehäit. ⁸ Déi aner Jünger si mam Naache komm – si sinn net wäit vum Land ewech gewiescht, ongeféier 200 Ielen[a] –, an si hunn d'Netz mat de Fësch nogezunn. ⁹ Wéi si aus dem Naache geklomm an u Land gaang waren, hunn si um Buedem d'Glous vun engem Holzkuelefeier gesinn, an och Fësch, deen droplouch, a Brout. ¹⁰ De Jesus sot zu hinnen: „Bréngt e puer vun deene Fësch, déi dir elo grad gefaang hutt, heihinner!" ¹¹ De Simon Péitrus ass higaang an huet d'Netz u Land gezunn. Et war voller grousser Fësch, 153 Stéck, an obschonns et der esou vill waren, ass

d'Netz net gerass. ¹² De Jesus sot zu hinnen: „Kommt
iessen!" Et war kee vun de Jünger esou kéng fir
nozefroen: „Wie bass du?" – si wousste jo, datt et
den Här war. ¹³ Dunn ass de Jesus higaang, huet
d'Brout gehollt an huet hinnen es ginn, a gradesou de
Fësch. ¹⁴ Dat hei war schonn déi drëtte Kéier, datt
de Jesus sech de Jünger gewisen huet, zënter datt
hien aus dem Doud erwächt gi war.

¹⁵ Wéi si giess haten, huet de Jesus de Simon
Péitrus gefrot: „Simon, Jong vum Johannes, bass du
méi frou mat mir wéi si hei?" De Péitrus huet him
geäntwert: „Jo, Här, du weess, datt ech dech gär
hunn." De Jesus sot zu him: „Féier meng Lämmer
op d'Weed!" ¹⁶ Eng zweete Kéier huet de Jesus hie
gefrot: „Simon, Jong vum Johannes, bass du frou
mat mir?" De Péitrus huet him geäntwert: „Jo, Här,
du weess, datt ech dech gär hunn." De Jesus sot zu
him: „Hitt meng Schof!" ¹⁷ Eng drëtte Kéier huet de
Jesus hie gefrot: „Simon, Jong vum Johannes, hues
du mech gär?" De Péitrus ass traureg ginn, datt de
Jesus hien eng drëtte Kéier gefrot hat: „Hues du
mech gär?", an hie sot zu him: „Här, du weess alles;
du weess och, datt ech dech gär hunn." Du sot de Je-
sus zu him: „Féier meng Schof op d'Weed! ¹⁸ Amen,
amen, ech soen dir: Wéi s du jonk waars, hues du dir
selwer e Stréck ëmgebonnen an du bass duer gaang,
wuer s du hiwolls. Wann s du awer al gi bass, da
strecks du deng Hänn aus, an et ass en aneren, deen
dir e Stréck ëmbënnt an dech duer féiert, wuer s du

net hiwëlls." [19] Dëst sot hien, fir unzedeiten, duerch wat fir en Doud de Péitrus den Herrgott verherrleche géif. An nodeems hien dëst gesot hat, sot hien zum Péitrus: „Komm mir no!"

[20] Wéi de Péitrus sech emgedréit huet, huet hie gesinn, datt dee Jünger, mat deem de Jesus frou war, nokomm ass. Et war och dee Jünger gewiescht, deen sech beim Iesse bei de Jesus gebéckt an sech widder seng Broscht geluecht hat, an dee gefrot hat: ,Här, wien ass et, deen dech ausliwwert?' [21] Wéi de Péitrus hie gesinn huet, huet hien de Jesus gefrot: „Här, wat gëtt dann aus him?" [22] De Jesus huet him geäntwert: „Wann ech wëll, datt hie bleift, bis ech kommen, geet dat dech eppes un? Komm du mir no!" [23] Dueropshin ass bei de Bridder d'Meenung opkomm, dëse Jünger géif net stierwen. De Jesus awer hat net zu him gesot, hie géif net stierwen, ma: ,Wann ech wëll, datt hie bleift, bis ech kommen [geet dat dech eppes un?]'

[24] Et ass dee Jünger, deen et bezeit an deen et opgeschriwwen huet, a mir wëssen, datt säin Zeegnes wouer ass. [25] Et gëtt nach vill aner Saachen, déi de Jesus gemaach huet. Wann dës eenzel opgeschriwwe géifen, da wär, mengen ech, op der ganzer Welt net Plaz genuch fir déi Bicher, déi geschriwwe gi missten.

---

[a] Ongeféier 100 Meter.